Hartwig Hausdorf, Jahrgang 1955, beschäftigt sich seit mehr als 25 Jahren mit parapsychischen und außerirdischen Phänomenen. Als Entdecker der legendenumwobenen Pyramiden Chinas machte er sich weltweit einen Namen. Seine Bücher wurden in zahlreiche Sprachen übersetzt, darunter ins Japanische und Chinesische.

W0057293

Von Hartwig Hausdorf ist außerdem erschienen:

Die weiße Pyramide (Band 77167)

Originalausgabe Januar 1998
Copyright © 1998 Droemersche Verlagsanstalt Th. Knaur Nachf.,
München
Umschlaggestaltung: Agentur ZERO, München
Umschlagfoto: G+J Fotoservice/Photonica, Hamburg
Satz: Ventura Publisher im Verlag
Reproduktion: Repro Knopp, Inning/Ammersee
Druck und Bindung: Clausen & Bosse, Leck
Printed in Germany
ISBN 3-426-77294-9

5 4 3 2 1

Hartwig Hausdorf

Rückkehr aus dem Jenseits

Das geheimnisvolle Phänomen
der Wiedergeburt

Mitarbeit: Rainer Tautenhahn

Inhalt

»And I dreamed I was dying,
I dreamed that my soul
rose unexpectedly,
and looking back down at me
smiled reassuringly,
and I dreamed I was flying ...«
Paul Simon

Einleitung

Wer bist du, wer bin ich?

Wer von uns hat nicht schon irgendwann einmal die folgenden
Worte gesagt: »Sollte ich noch einmal auf die Welt kommen, dann
als ...« Sei es, daß er sie nur unbedacht ausgesprochen hat, sei es
mit voller Absicht.

Denn tief in jedem von uns steckt eine dumpfe Ahnung, vielleicht
sogar bei dem einen oder anderen gepaart mit der festen Überzeugung, daß jene, statistisch mit etwas über siebzig Jahren ermittelte,
durchschnittliche Lebensdauer doch unmöglich *alles* gewesen sein
kann. Wir werden in diese Welt hineingeboren, machen unsere ersten, zumeist schmerzlichen Erfahrungen, besuchen die Schule, er-
lernen einen Beruf, sammeln ein Leben lang wertvolles Wissen
an – nur um dann am Ende in einer Kiste zu verfaulen? Das Ganze
also nur *dafür*?

Das kann unmöglich alles gewesen sein, wehrt sich irgend etwas
in uns, und wir, oder besser gesagt, unsere grauen Zellen, beginnen
zu arbeiten. *Reflektives Denken* nennt dies der Psychologe. Das Bewußtsein denkt über sich selbst nach, es kommt zu einem *Sich-
über-sich-selbst-bewußt-Sein.*

Unsere moderne Medizin vermochte dem Sitz des Denkens, also dem Gehirn, schon so manches Geheimnis zu entreißen. Durch den tragischen Blutzoll, den Kriege und Verkehrsunfälle unablässig einfordern, haben Chirurgen und Neurologen ausgiebige Studien über die Verteilung der unterschiedlichen Funktionen unseres Gehirns betreiben können. In der medizinischen Literatur sind darum die verschiedensten Verletzungen und deren Auswirkungen auf den sensorischen und motorischen Apparat des menschlichen Körpers genau beschrieben.

Das Gehirn, das unbegreifliche Wesen

Wer allerdings der Meinung sein sollte, in diesem Bereich seien bereits alle Geheimnisse erforscht, der irrt gründlich! Denn das Gehirn ist derart kompliziert aufgebaut, daß die meisten seiner Mechanismen noch völlig im dunkeln liegen. Scheinbar geringfügige Schocks und Verletzungen verursachen zuweilen nicht wieder gutzumachende Schäden. Andererseits kennen wir aus der Literatur Beschreibungen von schwersten Verletzungen, die dem Patienten nichts auszumachen schienen. Hier steht die Medizin – wie so oft – vor augenscheinlich unergründlichen Rätseln.

Im Jahre 1879 hatte eine Arbeiterin einen schrecklichen Unfall. Aus einer von ihr bedienten Maschine wurde eine lockere Schraube hochgeschleudert, die sich gleich einem Geschoß durch die Schädeldecke und dann zehn Zentimeter tief in ihr Gehirn bohrte. Große Teile des empfindlichen Organs wurden irreparabel in Mitleidenschaft gezogen. In der Folge mußte noch weiteres Gehirngewebe entfernt werden, als die Ärzte die Schraube herausoperierten. Und obwohl es eigentlich niemand für möglich hielt, daß das bedauernswerte Opfer jemals auf die Beine kommen würde, geschah das Unglaubliche: Die Arbeiterin erholte sich wieder und lebte noch zweiundvierzig Jahre – ohne Beeinträchtigung ihrer geistigen Fähigkeiten und ohne jemals auch nur Kopfschmerzen gehabt zu haben!

In einem Bericht, der 1957 der *American Psychological Association* vorgelegt wurde, beschrieben Neurologen einen drastischen Eingriff, den sie an einem damals neununddreißig Jahre alten Patienten vornehmen mußten. Obwohl sie die gesamte rechte Hälfte seines Gehirnes entfernen mußten, überlebte der Mann. Jedoch keinesfalls in geistiger Umnachtung, denn wie der Krankenbericht abschließend feststellte, blieben trotz der ungewöhnlich radikalen Operation sämtliche geistigen Fähigkeiten des Patienten unbeeinträchtigt!

Noch phantastischer muten Fälle wie der folgende an. Ganze siebenundzwanzig Tage lang schien ein Baby, das im New Yorker St. Vincent Hospital zur Welt kam, vollkommen normal zu sein. Es weinte, aß, bewegte sich und schlief. Nichts, aber auch gar nichts deutete auf irgendwelche Defekte hin. Doch plötzlich starb das Neugeborene, und bei der Autopsie mußten die Ärzte feststellen, daß es überhaupt kein Gehirn besessen hatte.

Zum medizinischen Mysterium wurde ein Vorfall, den der deutsche Chirurg Professor Christoph Wilhelm Hufeland (1762–1836) in seinen Memoiren erwähnte. Als er an einem gelähmten Patienten, der aber bis zu seiner Erkrankung bei vollem Verstand gewesen war, nach dessen Ableben eine Autopsie vornahm, fand er gleichfalls kein Gehirn mehr vor.

Im Schädel des Verstorbenen befanden sich gerade einmal 312 Gramm Wasser!

Ist unser Gehirn am Ende nur so etwas wie ein vorübergehender »Wohnsitz«, der etwas viel Subtileres für die Dauer eines Menschenlebens zu beherbergen vermag? Dann liegt der Gedanke nicht fern, daß dieses subtile Etwas eines Tages wiederkommen könnte – ebenso wie die Möglichkeit, daß es bereits ein oder mehrere Male auf dieser Welt geweilt haben mag.

»Wer bist du, wer bin ich?« Diese Frage zu stellen, bekommt dann ganz andere, neue, umfassendere Dimensionen. Haben wir bereits irgendwann existiert, womöglich in ferner Vergangenheit, in einer frühen Hochkultur?

Ein provozierender Gedankengang am Rande: Gerade bei einigen Hochkulturen stehen wir sprachlos vor komplizierten, technisch äußerst exakt durchgeführten Mumifizierungen. Über ein besonders staunenswertes Beispiel aus dem alten Reich der Mitte habe ich in meinem Buch »Satelliten der Götter« berichtet. Kam das medizinische Know-how womöglich aus dem Fundus einer außerirdischen Intelligenz, deren Vertreter in unseren Genen den Grundstein für unsere Intelligenz gelegt haben? Und als »Götter« verehrt, höchst lebendig unter unseren Altvordern herumspazierten?

Ein »Geschenk der Götter«?

An dieser Stelle möchte ich sogar die Frage erheben, ob es sich bei dem Phänomen der Wiedergeburt, um das es in dem hier vorliegenden Buch vorrangig geht, nicht um eine Art »Geschenk« unserer Vorfahren aus kosmischen Gefilden handeln könnte. Gehen wir einmal von der gar nicht so weit hergeholten Vorstellung aus, jene höherstehenden Intelligenzen hätten durch Manipulationen in unserem Genmaterial erst den Grundstein für die Existenz der Gattung *homo sapiens* gelegt, ließe sich eine ebenso spektakuläre wie erregende Schlußfolgerung daraus ableiten: Wir alle tragen die Fähigkeit in uns, uns auch neben der üblichen, animalischen Art in jener Weise unsterblich zu machen, die den Intelligenzen aus dem All zu eigen war: durch Reinkarnation. Durch die Fähigkeit eines hochentwickelten und tatsächlich unsterblichen Geistes, in einem neuen Körper wieder in diese irdische Daseinsebene zurückzukehren.

Nach den neuesten Forschungen des amerikanischen Psychologen Professor John E. Mack, der an der renommierten Harvard-Universität lehrt, mit den Opfern mutmaßlicher Entführungen durch Außerirdische *(abductions)*, scheint es Querverbindungen des von ihm untersuchten Entführungstraumas zur Reinkarnation zu geben. Denn die offensichtlich außerirdische Beeinflussung jener Personen scheint bei diesen – gewissermaßen als »Nebeneffekt« – eine Art Tor zu öffnen. Ein Tor zu einer stark erweiterten Realität. So tauchen in den Unterlagen zu den vermittels regressiver Hypnose durchgeführten Sitzungen immer wieder Themen wie Geburt, Tod und Wiedergeburt auf. Es treten Bilder zutage, die die Reise der Seele durch die Zeit darstellen, die Zyklen von Tod und Wiedergeburt aufzeigen, die Wiederkehr des Bewußtseins in aufeinanderfolgenden Inkarnationen. Dr. Mack hatte streckenweise das Gefühl, daß es jenen vermutlich außerirdischen Protagonisten unheimlicher Begegnungen der 4. Art mitunter gezielt darauf ankommt, den Entführten paranormale Quellen zu erschließen, um deren verschüttete Erfahrungen aus früheren Existenzen wiederzubeleben.

Ich möchte jedoch hier nicht »ins Außerirdische« abschweifen, allenfalls mögliche Verbindungen zwischen den bewegendsten Phänomenen unserer Zeit zur Diskussion stellen.

Denn das Thema dieses hier vorliegenden Buches ist schließlich die *Reinkarnation,* die ich in den folgenden Kapiteln von den verschiedensten Seiten zu beleuchten versuche. Illustriert durch zuweilen haarsträubende Fallbeispiele, die »natürlich« zu erklären manchmal mehr geistige Akrobatik erfordert, als die Möglichkeit in Betracht zu ziehen, daß tatsächlich eine alte Seele in einem neuen Körper wiedergeboren wurde.

Ich lade Sie ein zu einer spannenden und aufregenden Reise. Es ist die Reise in unser eigenes *Ich* und in unbekannte Dimensionen, die zu erfassen unser begrenztes Weltbild im Moment noch die allergrößten Schwierigkeiten hat.

Dieses Buch mußte ich mir – ich kann es nicht anders ausdrücken – *von der Seele schreiben!*

»Alles Zusammengefügte ist dazu
bestimmt, sich wieder aufzulösen.«
Gautama Siddharta
(Buddha, gest. um 477 v. Chr.)

1

Erst einmal sterben!

Die unaufhaltsame Uhr des Lebens

Der erste Schrei, das erste Atmen. Ein neues Leben hat sich – für alle sichtbar – seinen Platz auf der Bühne des Lebens erkämpft. Bereits bei der Zeugung beginnt für jeden von uns ein unaufhaltsames Programm abzulaufen. So wie sich Atome zu Molekülen, Moleküle zu Zellen fügen, sich diese Zellen teilen und am Ende unseren Körper bilden, so wird schon zu diesem Zeitpunkt die Auflösung vorprogrammiert. Gnadenlos. Ohne ihr Einhalt gebieten zu können, läuft die Uhr des Lebens stetig dem Ende entgegen.

Während seines Lebens kann sich der Mensch gegen eine Vielzahl von Krankheiten schützen, kann »gesund« und vorbeugend leben, unnötige Gefahren und Risiken nach Möglichkeit vermeiden. Gegen den Tod jedoch scheint er machtlos. Nicht selten kommt dieser dann auch noch schnell und unerwartet daher: Ein tragischer Verkehrsunfall, ein Herzinfarkt oder auch eine Naturkatastrophe fordern tagtäglich ihren Blutzoll, und mit einem Schlag ist unsere Uhr abgelaufen!

Ist die glückliche Kindheit, die in unserem Kulturkreis so oft beschworen wird, nur die Unwissenheit vor dem Drama des Todes? »Aber den Tag und die Stunde weiß niemand …«, ebensowenig wie, wo und woran wir einmal sterben werden. Diese großen Un-

17

bekannten rücken den Tod auf eine geradezu mystische Ebene. Haben wir doch alle das eine Ziel: Wir wollen leben!

Hauptsächlich in unseren, einem nüchternen Materialismus verhafteten Ländern der westlichen Welt ist für viele Menschen der Tod noch immer gleichbedeutend mit dem absoluten Ende. Schlußstrich, Verfall und Vergessen, sobald die Erinnerung verblaßt.

Und dann soll das Leben auf einmal aus sein, vorbei, und es geht nicht mehr weiter? Nein, auf keinen Fall: Viel zu viele Fakten sprechen dagegen!

Ist unser Körper nur die Hülle?

Seit es den Menschen gibt, stellt er sich unablässig Fragen über ein Dasein *nach* dem irdischen Leben. Eines scheint er jedoch immer geahnt zu haben: Danach geht es weiter. Archäologen fanden zu ihrer nicht geringen Überraschung heraus, daß sich bereits die Neandertaler vor mehr als fünfzigtausend Jahren ihre Gedanken über den Tod hinaus gemacht haben. Dies scheinen Funde zu belegen, die man in den Höhlen von Shanidar im Norden des Irak gemacht hat. Die Verstorbenen wurden mit rötlichem Ocker bestrichen – die rote Farbe steht seit jeher symbolisch für das Leben. Jene, welche Abschied nahmen, bahrten den Leichnam auf, schmückten den letzten Ruheplatz mit Blumen, und die aufgehäuften Steine schützten den Toten vor den Unbilden des Wetters sowie vor wilden Tieren.

Hat sich daran eigentlich irgend etwas geändert? Ich glaube kaum, denn auch wir machen unsere Toten mit Schminke und Puder zurecht und legen sie in ihren besten Kleidern, wie schlafend, in den Sarg. Dazu werden ihnen friedliche Gesichtszüge modelliert, und die Spuren eines oft grausamen Todes verdeckt, so gut es nur geht.

Denn einen Todeskampf will man nicht sehen, es würde die Lebenden unnötig erschrecken und sie gleichzeitig an deren eigene Vergänglichkeit erinnern. Lediglich Reste eines heidnischen Rituales? Der Glaube an eine Existenz nach dem Tod machte den frühen Völkern ihre Toten unheimlich. Haben sie den Toten aus diesem Grund die Augen geschlossen, damit sie den Weg, auf dem sie zu Grabe getragen wurden, nicht wiedererkennen sollten – und somit auch nicht wiederkehren konnten? Dachten sie hierbei nur an eine Wiederkehr der Verstorbenen in seiner materiellen, seiner »irdischen« Form? Oder ahnten sie, daß da mehr ist als nur Fleisch und Blut?

Das Seelenloch

Auf einer mehr als fünfzehntausend Jahre alten Höhlenzeichnung ist neben dem Toten ein »Seelenvogel« dargestellt. In Peru und Bolivien lassen die Indios noch heute am Kopfende des Grabes etwas wie ein »Seelenloch« frei, damit die Seele des Toten ungehindert entweichen kann. Selbst in unseren Breiten findet man gelegentlich frühmittelalterliche Särge, die solch eine Öffnung aufweisen.

Mehr als alle anderen frühen Hochkulturen beschäftigten die alten Ägypter sich mit dem Tod und einem möglichen Leben danach. Durch ihre äußerst sorgfältigen Vorbereitungen auf die Begräbnisrituale für ihre Pharaonen wissen wir heute relativ genau über ihren ausgefeilten Totenkult Bescheid. Es herrschte die Überzeugung, daß der Körper, gleichzeitig aber auch der Geist, *ka* genannt, überleben muß. Im Jenseits sollte der Verstorbene dann einen neuen Leib erhalten. Die Reise in dieses Totenreich ist im altägyptischen Totenbuch, welches das vollständige Begräbnisritual enthält, auf mystische Art beschrieben. Nach dieser mehr als hundertfünfzig Kapitel umfassenden Anleitung wurden die Toten mumifiziert, um bei der großen Reise ins Jenseits geschützt zu sein. Die Ausstattung der Grabkammern sowie auch der Sargteile ist genauestes beschrieben. Schmuck, Proviant und eine mit Hieroglyphen und Illustrationen versehene Papyrusrolle ergänzten die Grabbeigaben.

Vor unserer Phantasie taucht eine beschwörende Begräbniszeremonie auf, wie sie jeder bedeutende Regisseur für einen abendfüllenden Historienfilm nicht besser umsetzen könnte. Der oberste Priester beugt sich über den mumifizierten Leichnam und murmelt geheimnisvoll die magischen Worte:

»Dieses soll gesprochen werden Skarabäus von hartem Stein, der mit Gold bekleidet und auf dem Herzen des Menschen liegen soll. Mache daraus einen mit Öl gesalbten Talisman und sprich darüber die Zauberworte: ›Mein Herz ist von meiner Mutter, mein Herz ist in meinen Verwandlungen.‹«

Hymnen an den Sonnengott Ra besiegelten eine glückliche und unversehrte Reise ins Jenseits.

In einigen altägyptischen Grabstätten finden wir auch jenes anfangs erwähnte *Seelenloch* wieder. Durch einen *Seelenschacht,* der von der Grabkammer aus ins Freie führt, sollte die Seele des Verstorbenen aufsteigen können. Dies ist bei einer ganzen Reihe von Grabpyramiden des alten Ägypten der Fall, nur nicht in der Cheopspyramide. Die Schächte dieses geheimnisumwobenen Weltwunders enden im Inneren – vor einer verschlossenen Tür, die zu öffnen sich die offizielle Archäologie bis zum heutigen Tag weigert! Allerdings wurde bis jetzt nirgendwo in der Cheopspyramide ein Sarkophag gefunden, geschweige denn Inschriften über den Pharao, der darin begraben sein soll.

Galten die oben beschriebenen Rituale in der ersten Zeit allein für hochgestellte Persönlichkeiten, so wurde im Laufe der Jahrhunderte der altägyptische Glaube an ein Leben nach dem Tod etwas »demokratischer«. Die Vorstellung von der Unsterblichkeit wurde dahingehend erweitert, daß sie nunmehr auch die gewöhnlichen Sterblichen mit einschloß.

Im Reisepreis inbegriffen ...

Das antike Griechenland dagegen sah das Totenreich eher als einen düsteren und unheimlichen Ort an. Etwas, von dem es keine Rückkehr mehr gab. Wenn die Geister der soeben Verstorbenen zur Unterwelt, in den *Hades* hinabstiegen, dessen Haupteingang in einem Hain schwarzer Pappeln am Ufer des Stromes Okeanos vermutet wurde, erhielten sie von frommen Verwandten eine Münze, den sogenannten *Obolus*. Das Geldstück wurde in den Mund des Toten gelegt. Damit konnten die Dahingeschiedenen Charon, den Geizigen, bezahlen, der sie auf ihrer Reise in seinem Nachen über den Styx, den Fluß des Vergessens, übersetzte. Mittellose Geister mußten ewig am diesseitigen Ufer des Flusses warten, sofern es ihnen nicht gelang, ihrem Führer Hermes zu entfliehen und sich durch einen Hintereingang ins Totenreich einzuschleichen. Ein dreiköpfiger Hund mit Namen Kerberos bewachte das jenseitige Ufer des Styx, bereit, jeden lebendigen Eindringling wie auch fliehenden Geist zu verschlingen.

Der Styx, mit »gehaßt« übersetzt, ist ein kleiner Fluß in Arkadien, einer kargen Landschaft auf der Halbinsel Peloponnes. Sein Wasser galt der Legende nach als tödliches Gift. Hades, der Herr der Unterwelt, war unbarmherzig. Eifersüchtig wachte er über sein Reich, nur die Klagelieder der Toten ließ er nach oben dringen. Die oberen Regionen besuchte er nur zu seltenen Anlässen. Nach der altgriechischen Mythologie stieg der Sänger Orpheus zu Hades in die Unterwelt hinab, um diesen zu überreden, seine tote Frau Eurydike wieder freizugeben. Das Begehren scheiterte jedoch an Hades' Herzlosigkeit. Auf seiner Reise zurück an die Oberfläche der Erde konnte Orpheus der Versuchung nicht widerstehen, sich umzudrehen und zu vergewissern, ob Eurydike noch bei ihm sei. Die Strafe war hart und unerbittlich – nun hatten beide ihr Leben verloren. Wer es trotzdem schaffte, den Fluß der Unterwelt unbemerkt zu überqueren, der konnte wieder zurück auf die Erde, in die Welt der Lebenden gelangen. Was eher die Ausnahme war ...

Im Gegensatz zu den Ägyptern, die sich im Leben wie auch im Tode sehr viel auf den Gang der Gestirne beriefen, geht es im antiken Griechenland recht »menschlich« zu: Den Göttern wurden recht irdische Charaktere zugeordnet.

Allein gehe ich nicht hinüber

Als Archäologen in den zwanziger Jahren die berühmten Königsgräber von Ur im heutigen Irak ausgruben, fanden sie die sterblichen Überreste der Königin Schubad von achtundsechzig weiteren Skeletten umgeben. Es handelte sich sowohl um Dienerinnen aus ihrem Hofstaat als auch um Krieger der Leibgarde in ihrer vollen Ausrüstung und Bewaffnung.

So unglaublich sich das alles anhören mag – es läßt nur einen Schluß zu: All diese Menschen gingen freiwillig mit ihrer Königin in den Tod! Fand man doch keinerlei Indizien für einen Kampf oder sonstige Gewalteinwirkungen. Ihre Körper lagen wohlgeordnet in Reihen, Gehorsam und Disziplin über ihren Tod hinaus beweisend. Es ist wahrscheinlich, daß den Dienerinnen wie auch den Soldaten Gift oder Betäubungsmittel verabreicht wurde, bevor Arbeiter die Grabstätte zuschütteten. Offensichtlich war dieses Massenopfer, jene Tragödie vor über viereinhalbtausend Jahren auf dem festen Glauben begründet, daß die Bediensteten nach dem Tode weiterhin ihrer Königin dienen würden.

Bei den Inkas in Südamerika gab es eine ähnliche, wenn auch nicht ganz so freiwillige Art des Opfers für den verstorbenen Herrscher. In diesem Fall praktizierte man das Ritual noch bis vor fünfhundert Jahren, bis zur Eroberung des Kontinents durch die Spanier. Sowie der oberste Inka gestorben war, wurde sein Körper mumifiziert und in ein prachtvolles Tuch gehüllt. Die Inka waren davon überzeugt, daß die Seele ihres Herrschers in eine andere Welt gereist sei. Noch während der langwierigen Begräbniszeremonie versetzten Priester seine Lieblingsfrauen und ausgewählte Diener mit Drogen in einen todesähnlichen Zustand. Dann wurden sie zu Tode stranguliert.

Viele Völker auf dieser Welt hatten ähnliche Vorstellungen. Auch die Kelten gaben ihren toten Fürsten reichlich Dienstpersonal und bewaffnete Reiter samt Pferden mit auf ihren letzten Weg. Man war der Meinung, daß der Verstorbene sie in der anderen Welt mit Hilfe magischer Rituale wieder zum Leben erwecken würde, damit sie ihm dort wie schon im Diesseits treue Dienste leisten würden.

Einmaligen Luxus leistete sich der Kaiser *Qin Shi Huangdi* (259 bis 210 v. Chr.) aus der chinesischen Qin-Dynastie. Er ließ eine gewaltige Anzahl an Pferden, Wagen und bewaffneten Kriegern aus Ton brennen und diese weitläufig um seine letzte Ruhestätte aufstellen. Dieses Grabareal liegt in und nahe einer, unter einem künstlich aufgeschütteten Hügel verborgenen Pyramide. In den Jahren 1994/95 entdeckte ich in dieser Region, westlich der Stadt Xian, eine große Anzahl zum Teil sehr hoher Pyramiden. Ob diese allerdings als Gräber gedient haben, ist bislang noch ungewiß – bis heute haben die Chinesen noch keines dieser mysteriösen Bauwerke geöffnet!

Erst im Jahre 1974 hat man die gewaltige Grabanlage mit ihren tausenden Tonfiguren bei Bohrarbeiten für ein Bewässerungsprojekt östlich der Provinzhauptstadt Xian entdeckt. Unter dem Namen »Terrakotta-Armee« ging es in die archäologische Terminologie ein und zählt heute zu den größten (freigegebenen) touristischen Attraktionen der Volksrepublik China. Bislang konnte man bereits mehr als achttausend Figuren ausgraben. Nach Ansicht der dort tätigen Archäologen ist bis jetzt aber nur ein kleiner Teil, vielleicht gerade einmal ein Zehntel der im Boden verborgenen Schätze gehoben.

Wer allerdings glaubt, diese Art der Bestattung sei humaner abgelaufen, als die beiden zuvor geschilderten Beispiele, den muß ich enttäuschen. Denn *Qin Shi Huangdi* verfügte, daß all jene, die an seiner letzten Ruhestätte mitgearbeitet hatten, den Tod erleiden mußten: Sein Grab sollte für immer geheim bleiben!

Nur zu Besuch

Verweilen wir noch etwas im alten Reich der Mitte. Anfang und Ende, und dazwischen das menschliche Dasein, kennt man im großen chinesischen Glauben, dem *Taoismus,* überhaupt nicht. In dieser Denkrichtung ist die Welt eine zeitweilige Erscheinungsform, eine Periode des »Daseins an sich«. Dieses *Tao* läßt sich nicht mit Gedanken erfassen und auch nicht durch Worte beschreiben. Alles steigt aus einem Chaos auf und verschwindet wieder darin. Die immer vorhandene Energie ist hier das Einatmen, während das Werden, das Erschaffen durch das Ausatmen erfolgt. Mit anderen Worten: Der materielle Körper besteht im Taoismus aus groben Teilchen und erhält sein Leben durch den feineren, subtilen Atem. Der Tod ist dann eingetreten, wenn der höhere Atem von den gröberen Bestandteilen getrennt wird. Unübersehbare Übereinstimmungen ergeben sich hier mit unserer modernen Physik, die sich schon seit geraumer Zeit mit der Theorie des Chaos beschäftigt.

Ähnliches gilt auch in Tibet. Fest mit dem materiellen Körper verbunden ist eine Wesenheit *namshes.* Allerdings sind beide nicht völlig abhängig voneinander. In der Stunde des Todes steht die

Trennung bevor, und das *namshes* muß sich einen neuen Körper suchen. Auch bei den Tibetern gibt es eine »Gebrauchsanweisung« zum Sterben. Das tibetanische Totenbuch *Bardo Thölöl* zeigt in einzelnen Schritten auf, was für den Menschen notwendig ist, wenn seine Zeit gekommen ist. Wie mögen derartige Werke zustande gekommen sein? War irgend jemand »drüben« und hat den »Zurückgebliebenen« geschildert, wie sie sich auf den Tod vorbereiten sollen und was sie im Jenseits erwartet?

Es wird Zeit, über das *Jenseits* zu reflektieren.

In Acht und Bann

Verbindend für alle Religionen ist die Vorstellung, der unumstößliche Glaubensansatz, daß das Leben nach dem Tod nicht einfach aufhört. Das *Neue Testament* der Christen beschreibt einen Todesengel, der zumeist nachts als helles Licht erscheint, die Botschaft des Todes übermittelt und die Seele des Verstorbenen für das Jenseits in Empfang nimmt. Dort harrt man der »großen Abrechnung«: Alles dreht sich um den »Jüngsten Tag«, den zentralen Punkt des Glaubens. Die *Offenbarung des Johannes* schildert sehr anschaulich das Weltgericht, das die Toten zu erwarten haben:

»Und ich sah einen großen, weißen Thron und den, der darauf saß; und vor seinem Angesicht floh die Erde und der Himmel und ihnen ward keine Stätte gefunden. Und ich sah die Toten, beide, groß und klein, stehen vor dem Thron, und Bücher wurden aufgetan. Und ein anderes Buch ward aufgetan, welches ist das Buch des Lebens. Und die Toten wurden gerichtet nach jenem, was geschrieben steht in den Büchern, nach ihren Werken. Und das Meer gab die Toten frei, die darin waren, und der Tod und sein Reich gaben die Toten, die darin waren; und sie wurden gerichtet, ein jeglicher nach seinen Werken. Und der Tod und sein Reich wurden geworfen in den feurigen Pfuhl. Das ist der zweite Tod: der feurige Pfuhl. Und so jemand nicht gefunden ward, geschrieben in dem Buch des Lebens, der ward geworfen in den feurigen Pfuhl.« (Johannes 20, 11–15)

Das Paradies muß man sich also erst einmal verdienen! Nur – wo sind die Toten, bis sie endlich vor ihren Richter treten? Gibt es die Hölle, das Fegefeuer wirklich? Wird uns dann doch nicht allen die Erlösung, das ewige Leben zuteil? Die Auskünfte auf diese Fragen sind bei Christen, Moslems und Juden gleichermaßen recht mager. Überraschenderweise streift das Alte Testament einige Mal den Gedanken der Wiedergeburt. Tatsache ist auch, daß das fünfte ökumenische Glaubenskonzil – es fand im Jahre 553 unter der Herrschaft des byzantinischen Kaisers Justinian statt – eine entscheidende Wende in der Einstellung des Christentums zur Reinkarnation einläutete. Damals wurde das Dogma verkündet: »Wer die erdichtete Vorexistenz der Seelen verteidigt und sich für die ungeheuerliche Erneuerung dieser Irrlehre einsetzt, der fällt dem Kirchenbann anheim.«

Wie kam es dazu? Im Mittelpunkt dieses Konzils stand damals der griechische Kirchenschreiber *Origenes* (um 185–254 n. Chr.), der noch heute als größter Bibelexeget der Ostkirche gilt. In Konstantinopel wurde er hundert Jahre nach seinem Tod angeklagt, eine Reihe von Lehren verteidigt zu haben, die »mit der wahren Kirchendoktrin unvereinbar« waren. Da die Schriften des Origenes, soweit sie heute noch vorliegen, sehr umfangreich und weitschweifend, trotz alledem jedoch abwägend waren, unterschoben ihm seine Kritiker posthum Ansichten, die er wohl diskutiert haben mag, aber nicht immer gebilligt hätte.

Während der nachfolgenden Jahrhunderte wurde auf mehreren Konzilen die Frage nach der Möglichkeit der Wiedergeburt erörtert. Von Papst Pius XII. (Pontifikat von 1939–1958) wird berichtet, daß er ernsthafte Überlegungen angestellt hätte, innerhalb der römisch-katholischen Kirche die Annahme der Reinkarnation offiziell zu erlauben. Seither hat man aber aus dieser Ecke nichts mehr gehört.

Im Hochmittelalter befand sich die Mystik des christlichen Glaubens auf ihrem Höhepunkt. Einer, der den biblischen Texten ihre Geheimnisse entreißen wollte, war Meister Eckhart (um 1260 bis 1328). Seine Arbeiten boten prophetische Frömmigkeit in einmaliger Weise. Ein Zitat: »Ich habe schon oft gesagt, daß eine Kraft in der Seele ist, die nicht an Zeit noch Fleisch rühret, die aus dem Geiste fließet und in dem Geiste bleibet, und die völlig geistig ist. In dieser Kraft ist Gott blühend und grünend mit all der Freude und all der Herrlichkeit, wie er in sich selber ist ... In dieser Kraft gebiert der Vater seinen ewigen Sohn ohne Unterlaß.«

Im Gegensatz zu den Christen erwarten die Juden immer noch die Ankunft ihres *Messias,* der die Welt dann von allen Sünden erlösen soll. Deutlichere Ansätze bietet eine Gruppierung jüdischer Mystiker. Vom neunten bis dreizehnten Jahrhundert entwickelte sich aus uralten Überlieferungen und Aufzeichnungen die *Kabbala,* deren Niederschrift vor allem im Buch *Sohar* erfolgte. Die Kabbalisten, Anhänger dieser mystischen Geheimlehre, sind von einer Seelenwanderung überzeugt. So vertritt Isaak ben Salomon Luria in seinen Schriften ganz entschieden den Gedanken der Reinkarnation.

Seelischer Klassenkampf

Denkansätze zur Wiedergeburt gab es auch im alten Griechenland. So war der Philosoph und Mathematiker Pythagoras (um 570–496 v. Chr.) davon überzeugt, daß die Seele »in die körperliche Existenz gestürzt« sei und andere menschliche wie auch tierische Körper durchwandern müsse, bevor sie befreit würde. Einen Mann, den er dabei ertappte, wie er einen jungen Hund schlug, hielt der aufgebrachte Pythagoras mit folgenden Worten von seinem Tun ab: »Schlage ihn nicht, denn er hat die Seele eines meiner Freunde. Ich habe sie erkannt, als ich sie aufschreien hörte.«

Der für seine mathematischen und geometrischen Lehrsätze unsterblich gewordene Gelehrte behauptete im übrigen auch selbst, er habe drei frühere Leben gehabt, unter anderem das eines Soldaten im Krieg um Troja.

Der Dichter und Philosoph Plato (427–347 v. Chr.) schrieb in seinem Werk *Phaidros* (»Die Ideenlehre«) über seine Vorstellungen von der Reinkarnation: »Jene Seele, welche die meiste Wahrheit gesehen hat, wird als Philosoph, Künstler, Musiker oder als Liebender wiedergeboren. Diejenige Seele, welche die Wahrheit nur in zweitem Grade gesehen hat, wird ein gerechter König, ein Krieger oder ein edler Herr sein. Die Seele dritter Klasse wird ein Politiker, Wirtschaftler oder Händler werden, die Seele vierter Klasse wird ein Liebhaber von Leibesübungen oder ein Arzt …«

Die allerletzte, nämlich die neunte Klasse der Seelen, wäre laut Plato dem Tyrannen vorbehalten. Ich wage an dieser Stelle die Prophezeiung: Würde der weise Philosoph in unseren Tagen leben – mit Sicherheit hätte er einige Positionen in ihrer Rangfolge etwas anders vergeben! Besonders die Politiker würden unheimlich nach unten rutschen …

Plato verstand diese Wertung als Stadien der Bewährung, in welchen derjenige, der rechtschaffen und anständig lebt, seine Situation verbessert, während derjenige, welcher unrecht lebt, seine Situation noch weiter verschlechtert. Er hielt es ohne weiteres für denkbar, daß so manche menschliche Seele »in den Körper eines Tieres zu gleiten vermag, wie auch die eines Tieres wieder in den Körper eines Menschen«.

Für die alten Ägypter waren die Naturerscheinungen und der tägliche Lauf der Sonne ein Abbild der Seele in ihrem künftigen Leben. Nach dem Tod, so hieß es damals, gehe die Seele der Reihe nach durch alle Tiere des Festlandes, des Wassers sowie der Luft, bis sie nach dreitausend Jahren wieder in den menschlichen Körper zurückkehrt. Demnach müßte es eigentlich zur Zeit auf unserem Planeten nur so von Altägyptern wimmeln. Doch Spaß beiseite: Diese relativ einfach beschriebene Seelenwanderung integrierte sich im Lauf der Zeiten in die komplexe altägyptische Götterlehre. Der Schöpfer und Erhalter der Welt war *Ra,* die Sonne. Auch den verschiedenen Positionen der Sonne zu den Tageszeiten wurde jeweils ein Gott zugeordnet. Mittags hieß die Sonne *Ra,* als untergehende Sonne *Osiris.* Der Himmel zur Stunde des Sonnenunterganges wurde *Isis* zugeteilt – und aus der Ehe zwischen Isis und Osiris ging als Sohn *Horus* hervor, die Sonne des Aufgehens. Nach der Mythologie tötete *Sethos,* der Gott der Finsternis, seinen Bruder Osiris. Der Seele erging es ebenso: Erst mußte sie die Finsternis besiegen und dazu in das Grab hinabsteigen, um danach wieder aufzuerstehen.

Man glaubte, daß sich jede Seele einem Gericht stellen müsse, das, nach langer und mühevoller Pilgerfahrt der Seele, in der Unterwelt abgehalten würde. Vor Gott Osiris und zweiundvierzig Richtern sollte das Herz auf eine von Horus gehaltene Waagschale gelegt werden, während auf der anderen Waagschale die Gerechtigkeit ruhte. Das Schicksal der Seele hing davon ab, was Thot, der Gott der Weisheit, über die Anzeige der Waage notierte. Der Gerechte durfte Osiris begleiten, doch der als »zu leicht« befundene wurde mit völliger Zerstörung bestraft. Vorher mußte die Seele auf Erden umherirren und mancherlei Prüfungen bestehen. Sie hatte dabei die Macht, sich in jeder beliebigen Gestalt zu zeigen, als lebender Mensch wie auch als einbalsamierte Mumie. Die Lebenden mußten gegen Gott Seth und dessen Begleiter sowie gegen die »zweimal Gestorbenen« kämpfen.

Der Zoroastrismus, die Religion der alten Völker Persiens, pflegte gleichfalls die Überzeugung, daß die Seele nach dem Tode eine Reise mache und sich vor einem Gericht zu verantworten habe. Am vierten Tage nach dem Ableben überschreite die Seele des Verstorbenen die »Brücke des Abschieds«. Der Mittelteil jener Brücke sei wie eine breite Schwertklinge. Der üblicherweise scharfe Steg bleibe für eine rechtschaffene Seele flach, so daß sie ohne Mühe darüber auf die andere Seite wandern könne. Dort werde sie dann von einem schönen Mädchen empfangen, welches eine geistige Verkörperung der guten Taten während ihres Erdendaseins darstellt. (Wer allerdings auf gerechte weibliche Seelen wartet oder ob diesen der Zutritt zu diesem Jenseits überhaupt verwehrt bleibt, konnte ich leider nicht in Erfahrung bringen!)

Die rechtschaffenen Seelen würden ein Paradies betreten, in dem sie mit reichlich Geschenken überhäuft werden. Versuchte jedoch ein »Verruchter« die »Brücke des Abschieds« zu überqueren, dann würde sich der Mittelteil blitzschnell auf die messerscharfe Kante drehen, und der Übeltäter müßte in einen bodenlosen Abgrund des Verderbens stürzen.

»Gutes« Karma – »Böses« Karma

In den meisten asiatischen Kulturen, ganz besonders aber im Hinduismus, ist der Glaube an die Reinkarnation am stärksten ausgeprägt.

Der gesamte Zyklus dieser Wiedergeburten wird als das »Rad des Sansara« bezeichnet. Seine Umdrehung ist – wie auch das unendliche Universum – ohne Anfang und Ende. Der Hindu glaubt daran, daß er auf die Art seiner nächsten Wiederverkörperung Einfluß nehmen kann, und zwar durch sein Karma. Mit dem Begriff Karma wird die Gesamtsumme der Taten einer Person in ihrer gegenwärtigen Existenz bezeichnet. Handelte die betreffende Person gerecht und milde, wird ihre nächste Existenz von glücklichen Fügungen geprägt sein. Sie wird belohnt durch die Wiederverkörperung in einem hochangesehenen Tier oder auch als Brahmane, der höchsten aller Kasten Indiens. »Böses« Karma hingegen wird eine Bestrafung in Form einer Wiedergeburt als Angehöriger einer niederen Kaste oder sogar als verachtetes und unreines Tier, aber auch verschiedene Unglücksfälle und Behinderungen im nächsten Leben nach sich ziehen. Gedankengut, dem wir bereits bei Plato begegnet sind.

So erinnert sich ein ceylonesischer Junge namens Wijeratne an ein vorhergegangenes Leben als sein (noch vor seiner Geburt gestorbener) Onkel Ratran Hami. Dieser erstach 1927 im Verlauf einer Hochzeitszeremonie seine Frau Podi Menike, weil die sich weigerte, in sein Haus einzuziehen. Der Mörder wurde im darauffolgenden Jahr zum Tod durch den Strang verurteilt und hingerichtet. In seinem gegenwärtigen Leben ist Wijeratne verkrüppelt, was er als gerechte Bestrafung – über die Exekution hinaus – für das angehäufte »böse Karma« in seiner vorangegangenen Existenz als Ratran Hami interpretiert.

Auch in Indien begegnen wir bei den mehr oder weniger lange währenden Perioden zwischen den einzelnen Inkarnationen erneut sehr menschlichen Bedingungen für die Seelen. Die Abgründe der Hölle sind eiskalt oder auch brennend heiß. Das harte Los der Verdammten besteht darin, in siedendem Öl gekocht und all ihrer Glieder beraubt zu werden. Im krassen Gegensatz dazu bietet der Himmel zahlreiche Freuden wie Musik, Tanzmädchen und Spielhäuser. Eine »sündige Meile« im Paradies …

Zum Ende dieses Kapitels will ich die wohl außergewöhnlichste Variante der Jenseitsreise schildern. Im Hinduismus, jener großen Religion Indiens, wird die Seele des Menschen als eine Spiegelung der Weltseele betrachtet. An einigen Orten Indiens existieren sogenannte *Palmblatt-Bibliotheken,* in welchen seit ungezählten Generationen das Schicksal ausgewählter Individuen verzeichnet ist. Sinnigerweise nur von jenen Menschen, denen es auch vorgezeichnet ist, eines Tages den Weg in eine dieser Palmblatt-Bibliotheken zu finden. Inklusive jener, die noch gar nicht geboren sind!

Ein Weiser mit Namen *Bhrigu* soll vor rund fünftausend Jahren damit begonnen haben, die erste dieser Bibliotheken anzulegen. Angeblich besaß dieser Bhrigu die unglaubliche Fähigkeit, sich Einblick in die Lebensläufe von zigtausend Menschen zu verschaffen sowie deren Schicksal, vom Zeitpunkt der Geburt bis hin zu der Stunde des Todes, zu erfahren. Er zeichnete alles auf, in einer damals geläufigen, heute nur noch einigen wenigen Priestern und Eingeweihten bekannten Sprache, dem Alt-Tamil.

In den zwölf existierenden Palmblatt-Bibliotheken des Subkontinents sollen die Schicksale von ungefähr achtzigtausend Personen verzeichnet sein – nachzulesen auf sechs Zentimeter breiten und fünfzig Zentimeter langen getrockneten Blättern. Jedes einzelne davon ist übersät mit millimetergroßen Schriftzeichen, die seine gesamte Fläche beanspruchen.

Das phänomenale Wissen Bhrigus soll sich auf die *Akasha-Chronik* gründen. Eine Art Weltgedächtnis – grob vorstellbar in Form eines die Erde umgebenden, gigantischen Videobands –, auf dem alle Ereignisse für alle Zeiten gespeichert sind.

Das Ziel der eigenen Existenz bestehe darin, mit dem *Brahma,* dem alles durchdringenden, göttlichen Prinzip eins zu werden. Bevor aber diese Einheit, nach der alle Wesen streben, erreicht wird, muß die Seele verschiedene menschliche wie auch tierische Inkarnationen durchlaufen. Der Mond gilt hierbei als Pforte zur Himmelswelt. Wer dessen Fragen richtig beantwortet, den läßt er über sich hinausgehen. Wer jedoch nicht oder nicht richtig antwortet, den läßt er als Regen wieder auf die Erde fallen. Als Fliege oder Wurm, als Löwe, Mensch oder auch als Pflanze wird er, je nach seinem Wissens- und Entwicklungsstand, wiedergeboren werden. Doch selbst wer den Mond passiert hat, muß weitere Fragen beantworten. Bei einer falschen Antwort muß sich die Seele auf den »Väterweg« begeben, der in den »Ahnenhimmel« führt. Dann tritt er erneut in den Wiedergeburtskreislauf ein.

Der Götterweg hingegen führt schlußendlich zum *Brahmanirwana,* in dem der Hindu – nun endlich vom ewigen Kreislauf der Wiederverkörperung erlöst – als Einzelseele in das Absolute eingeht.

Was aber ist die *Seele,* wie sieht sie aus? Kann man sich so etwas überhaupt vorstellen?

2

> »Mich läßt der Gedanke an den Tod
> in völliger Ruhe, denn ich habe die
> feste Überzeugung, daß unser Geist ein
> Wesen ganz unzerstörbarer Natur ist.«
> *J. W. v. Goethe (1749–1832)*

Anatomie der Seele

Im Labor sichtbar gemacht?

Wenn wir die Eindrücke aus dem ersten Kapitel sammeln, müssen wir ehrlicherweise feststellen, daß wir zwar schon einige Hinweise, jedoch noch keinen definitiven oder positiven Beweis dafür gefunden haben, daß nach unserem Tod ein Weiterleben möglich ist.

Vor allen Dingen erhebt sich die Frage, *was* denn nun übrig bleibt. Etwas Körperliches kann es ja wohl nicht sein. Folglich wären dann all jene, die eine Feuerbestattung oder ähnliches erfahren, von vornherein von einer Wiedergeburt ausgeschlossen. Indien, *das* Land auf dieser Welt, in dem der Reinkarnationsgedanke die breiteste Akzeptanz genießt, würde sich mit Recht beschweren. Wird doch dort die Asche der verstorbenen Hindus nach Möglichkeit in den heiligen Fluß Ganges gestreut. Es kann auch kaum angehen, daß Geister weiterleben, die alle Erinnerungen, Eindrücke und Persönlichkeitsmerkmale des Toten aufweisen, damit dessen Aktivitäten in einer obskuren Geisterwelt fortgesetzt werden. Unser Bewußtsein, wie auch das Unterbewußtsein, richtet sich nach den Erfahrungen des Lebens. Und hierin scheint ein Schlüssel verborgen zu sein.

Nach dem, was uns bis jetzt vorliegt, zeichnet sich ein allen Glaubensrichtungen gemeinsames Ziel ab: Das Streben nach allgemeinen Tugenden wie Liebe, Ehrlichkeit, Mitgefühl und die Suche nach Weisheit und Wissen – alles, was eigentlich von den bedeutenden Religionen dieser Welt postuliert wird. Und trotzdem: Ein Jenseits, in dem wir die Dualität von Sinneslust oder Strafe in jenem Sinn erfahren, wie sie sich in unserem täglichen Leben abspielt, ist wohl eher unwahrscheinlich. Ein kleines Kind, das durch einen Verkehrsunfall ums Leben kommt, muß wohl »drüben« nicht erst sprechen lernen, um sich zu artikulieren. Genausowenig wie ein alter, senil gewordener Mann mit diesen Eigenschaften eine andere Welt erfahren wird. Dies wäre einfach zu »menschlich«.

Derartige Indizien verdanken wir übrigens der Erforschung sogenannter *Nahtod-Erlebnisse.* So stellten zum Beispiel Behinderte, die Todesnähe-Erlebnisse hatten, fest, daß ihre Behinderungen »drüben« nicht mehr vorhanden waren. In jener »spirituellen« Welt – oder wie immer wir sie bezeichnen wollen – waren sie heile und sehr bewegliche Wesen.

Gibt es also eine subtilere Form des Weiterlebens?

Der Parapsychologe Dr. Milan Ryzl bemerkte 1981 dazu: »Vielleicht überlebt nur eine Essenz des gesamten Daseins des Menschen. Und wahrscheinlich wird auch seine Individualität nicht so ausgeprägt sein wie zu Lebzeiten, sondern zugunsten eines Aufgehens in einer Art kollektiver und wechselseitiger Verbundenheit zurückweichen, verblassen. Tatsächlich wäre es sehr gut denkbar, daß das Ego, das wir als identisch mit unserem physischen Körper empfinden, nur eine Illusion ist und das Gefühl individueller Getrenntheit erlischt, wenn unser Körper von der Bühne verschwindet.«

Unsere Psyche ist also anderen Gesetzen unterworfen als unser rasch vergänglicher Körper. Aus der Kultur- und Religionsgeschichte kennen wir viele Beispiele, die Psyche sichtbar und für unseren Verstand erklärbar zu machen. Ob dies die Seele ist?

Die Energie des Lebens

Schon das Alte Testament spricht allegorisch in der Schöpfungsgeschichte davon, daß dem ersten Menschen der Atem des Lebens eingehaucht wurde. Atemtechniken wie das chinesische *Tai Chi* (»Schattenboxen«) sollen tiefere Bewußtseinsebenen öffnen. Und die alten Geheimlehren des Fernen Ostens sprechen von einer Vielzahl von Energiekörpern, -zentren und -kanälen, ohne die der physische Körper nicht existieren könne. Bestätigung erfahren sie durch die Erkenntnis, daß in unserem Universum Energie niemals verlorengeht, sondern allenfalls in andere Formen umgewandelt wird. Nach den Überlieferungen fernöstlicher Lehren wird bei diesen Energiekörpern zwischen vier miteinander verbundenen Stufen unterschieden, die in jeweils eigenen Frequenzen schwingen und als Bewußtseinsträger dienen.

Der Ätherleib oder *Astralkörper* soll dem physischen Körper am nächsten stehen und in etwa die gleiche Ausdehnung besitzen. Seine Strahlen legen sich wie ein Schutzmantel um den Körper, strahlen jedoch gleichzeitig sehr viel Energie aus. Als Träger der Gefühle, Emotionen und Charaktereigenschaften bezeichnen die Überlieferungen die nächste Stufe, den *Emotionalkörper*. Über diesen werde jede unserer Gemütsbewegungen mehrere Meter weit ausgestrahlt. Noch intensiver ist der *Mentalkörper*, der Träger unserer Ideen, der rationalen wie auch der intuitiven Erkenntnisse. Je mehr ein Mensch seine Erfahrungen richtig zu verarbeiten und zu leben weiß, desto heller strahlt auch jener dritte Energiekörper. Von allen die höchste Schwingungsfrequenz aber soll der *spirituelle Körper* aufweisen. So wird von Mönchen aus Tibet berichtet, daß ihr spiritueller Körper mehrere Kilometer weit strahlen könne.

Weitere Energiezentren oder auch »Organe des inneren Menschen« sind die sogenannten *Chakren,* die über festgelegte Punkte am Rumpf unseres Körpers wie Energiewirbel für Wohlbefinden zu sorgen haben. Sind diese »Wirbel« durch Eindrücke, Erfahrungen oder Erlebnisse negativer Art gestört, ergibt sich eine Disharmonie für unser seelisches und körperliches Gleichgewicht. Es kann sowohl Unter- wie auch Überfunktionen jener Energiewirbel geben. Diesen Chakren zugeordnet – und damit kommen wir jetzt auf die kleinste Stufe dieser Energieträger – sind die *Nadis* (»Kanäle«). Alte Sanskrittexte sprechen von 350 000 dieser feinen Kanäle, durch die die Energie des Lebens fließt.

Aus dem geheimnisvollen Wissen um diese für uns Alltagsmenschen unsichtbaren »Seelenträger« soll sich im Laufe der Jahrtausende die Akupunktur perfektioniert haben. Bei professioneller Anwendung zählt sie zu den wirkungsvollsten Heilmethoden. Sie ist vor allen Dingen frei von Nebenwirkungen, obwohl die Schulmedizin noch keinerlei Erklärung für sie hat. Aber das nur am Rande, denn dies soll weder ein esoterischer noch ein naturheilkundlicher Ratgeber werden.

Ausstrahlungen von Lebenden gibt es auch noch in ganz anderer Weise. Der mittelalterliche Gelehrte Henricus Cornelius Agrippa von Nettesheim (1486–1535) bemerkte dazu: »So flößt ein in einem Haus versteckter Räuber, von dessen Anwesenheit man nicht das geringste weiß oder vermutet, den Bewohnern des Hauses Unruhe, Furcht und Schauder ein – allerdings nicht allen, denn nicht alle, sondern nur wenige Menschen besitzen ein solches Naturgefühl.«

Und aus der parapsychologischen Forschung kennen wir mittlerweile unzählige Fallbeispiele, in denen besonders sensible Personen an Orten, die zum Schauplatz eines Verbrechens geworden waren, regelrecht von Panik befallen wurden.

Mehr oder weniger unbewußt nehmen wir also wahr, daß wir eine Ausstrahlung besitzen, eine geheimnisvolle Kraft, die durch unsere fünf Sinne nicht so einfach zu definieren ist. Oder etwa doch? Es gibt da nämlich eine Möglichkeit, eine Art Aura, die alles Lebende umgibt, vielleicht sogar die Lebenskraft selber, sichtbar zu machen.

Bitte recht freundlich!

Im Jahre 1939 stießen der russische Elektroingenieur Semjon Davidowitsch *Kirlian* und seine Frau Valentina auf eine neuartige Form des »Fotografierens«. Kirlian arbeitete damals am städtischen Krankenhaus von Krasnodar und konnte sich der technischen Ausrüstung der Klinik bedienen. Er konstruierte ein Gerät zum Fotografieren von Gegenständen, die sich in einem hochfrequenten Feld befanden. Als erstes Versuchsobjekt benutzte er seine eigene Hand: Als er die fotografische Platte später entwickelte, stellte er verblüfft fest, daß von seinen Fingerspitzen ein geheimnisvoller Glanz ausging. Fasziniert von diesem unerwarteten Ergebnis, fuhren er und seine Frau mit den Experimenten fort, wobei sie ihre Ausrüstung immer mehr vervollkommneten und eine immer größere Auswahl lebender wie lebloser Objekte fotografierten.

Wie funktioniert dieser Effekt, der als »Kirlian-Fotografie« in die einschlägige Terminologie einging? Ein Oszillator, der 75 000 bis 200 000 elektronische Schwingungen pro Sekunde erzeugt, kann mit diversen optischen Instrumenten verbunden werden. Das zu untersuchende Objekt, Fotopapier und einige Klemmen, die mit dem Generator verbunden sind, bilden die Versuchsanordnung. Ist der Oszillator einmal eingeschaltet, bildet sich zwischen den Klemmen ein Hochfrequenzfeld. Dieses Energiefeld scheint in der zu untersuchenden Substanz irgend etwas anzuregen und bewirkt eine Sichtbarmachung von Strahlen, die wir mit dem normalen Auge nicht wahrnehmen können – die aber letztlich auf dem Fotopapier für uns sichtbar werden. Einen Fotoapparat im herkömmlichen Sinn braucht man für diese zugegeben ungewöhnliche Art des Fotografierens also nicht.

Aber die Ergebnisse, die Semjon Davidowitsch weiterhin erzielte, waren unerhört aufsehenerregend. Ein frisch von einem Baum abgerissenes Blatt zeigte, wenn es in das hochfrequente Feld gelegt wurde, Myriaden von Lichtpunkten. Um die Ränder des Blattes waren türkisfarbene und rötliche Flammenmuster zu sehen, die aus speziellen Kanälen zu kommen schienen. Ein Finger, der in das Hochfrequenzfeld gebracht und »fotografiert« wurde, erschien im Bild wie eine komplizierte topographische Karte mit Punkten, Linien, Lichtkratern und Leuchtfeuern. Einige Teile des Fingers sahen einer von innen erleuchteten Kürbislaterne ähnlich.

Diese Aufnahmen bewiesen also so etwas wie eine Ausstrahlung der Objekte in dem Energiefeld. Anfangs blieb es noch bei Bildern, die den Zustand im Moment der Aufnahme wiedergaben. Nach einiger Zeit und ungezählten Versuchsreihen entwickelten die Kirlians ein Gerät, das die jeweilige Versuchsanordnung sogar in Bewegung beobachten und filmen ließ. Semjon Davidowitsch hielt seine Hand unter die Linse und schaltete den Oszillator ein: »Die Hand sah nun aus wie die Milchstraße am nächtlichen Sternenhimmel. Vor einem Hintergrund von Blau und Gold fand in der Hand etwas statt, das einem Feuerwerk ähnelte. Vielfarbige Fackeln leuchteten auf, dann Funken, Blitze, Lichter. Einige der Lichter glühten längere Zeit wie Leuchtkugeln, andere blitzten dagegen nur kurz auf. Wieder andere funkelten in regelmäßigen Intervallen.«

Licht- und Funkenspiele bei belebter Materie? Sind wir denn unser eigenes Feuerwerk? »Tote« Materie strahlt unter dieser Apparatur zwar auch, doch das Bild ändert sich nicht. Zum Beispiel eine Münze zeigt stets dieselben Lichtmuster, eine schwache »Aura« und überhaupt keine Lichtpunkte. Aber jedes Objekt hat seine eigene Ausstrahlung – egal, ob aus Leder oder Gummi, aus Metall oder Papier. Sobald wir es aber mit »lebenden« Versuchsobjekten zu tun haben, verändert sich die Ausstrahlung in vielfältigster Weise, bildet ständig sich ändernde Muster. Der Unterschied zu »toter Materie« ist hier buchstäblich wie Tag und Nacht!

Veränderungen gibt es aber auch bei Versuchen wie diesem: Ein gerade erst vom Baum gepflücktes Blatt zeigt noch eine große Ausstrahlung. Wird das Blatt jedoch mit der Zeit welk, gibt es bald keine »Flammen« mehr von sich, und nach und nach verschwinden auch die Lichtpunkte.

Kirlian bemerkte in späteren Jahren dazu: »Was wir durchs Mikroskop und durch unsere optischen Instrumente sahen, erinnert uns an das Kontrollbrett eines großen Computers. Hier und dort werden Lichter heller und schwächer. Signale der inneren Vorgänge? Bei lebenden Objekten sieht man, wie sich die Signale des inneren Zustandes in der Helligkeit oder Trübheit oder in der Verfärbung der ›Flammen‹ spiegeln. Die innere Aktivität des Menschen wird in diesen ›Lichthieroglyphen‹ niedergeschrieben. Wir hatten einen Apparat geschaffen, der diese Hieroglyphen aufzeichnete. Um sie aber lesen zu können, würden wir Hilfe brauchen.«

Flammen aus der Wunde

Semjon und Valentina Kirlian gaben nicht auf und begannen aus eigenen Kräften zu »lesen« – und die erzielten Resultate wurden zunehmend spannender. Im Verlauf ihrer Forschungen soll es ihnen sogar gelungen sein, bei durch Kriegseinwirkungen versehrten Patienten die noch sichtbare »Aura« abgetrennter Gliedmaßen mit ihrer Apparatur sichtbar zu machen.

Die ersten Vorstöße in dieser Richtung begannen sie wieder mit Blättern als Versuchsobjekten. Erst wurde die Ausstrahlung eines Blattes im Normalzustand registriert, danach wurde es abgeschnitten. Sofort nach dem Schnitt schossen Flammen aus der Wunde, als »blute« das Blatt oder schreie vor Schmerz.

Kurze Zeit später wurde das Blatt erneut in das hochfrequente Feld gebracht, und nun zeigte sich etwas Phänomenales: Ungeachtet des Substanzverlustes, schien das Energieschema des ganzen Blattes weiterhin erhalten. Das fehlende Stück wurde durch eine »Phantomspitze« ausgefüllt, die mit den ursprünglichen Umrissen des Blattes voll übereinstimmte! Auch ein gefällter Baum blieb noch geraume Zeit an seiner Stelle »sichtbar«, als wäre er nie geschlagen worden.

Aus Rücksicht auf die Würde des Menschen in seiner Todesstunde gibt es bis heute – dies ist zumindest die offizielle Version, doch erscheinen Zweifel angebracht – keine Kirlian-Aufnahmen einer sterbenden Person. Dafür genügend »Phantombilder« von amputierten Gliedmaßen.

Für die moderne Forschung steht fest, daß viele Prozesse in unserem Körper durch elektrische Impulse gesteuert werden. Als einfachstes Beispiel mag hier die Übertragung von Nervenreizen im sensorischen und motorischen Bereich gelten. Längst kein Geheimnis mehr, sind es schwache und doch meßbare Ströme, welche die Reize an das Gehirn weiterleiten. Aber die Strahlung auf den »Kirlian-Fotos« wird nicht durch das elektrische Feld erzeugt, dem die Versuchsobjekte ausgesetzt sind, sondern vermutlich durch eine Art »Bioplasma«, der Seele alles Lebendigen, ausgelöst. Bisher herrschte die Meinung vor, daß es außer den uns bekannten vier Aggregatzuständen der Materie keine weiteren gibt. Aber welche

Erkenntnisse des jeweiligen Wissensstandes sind schon wirklich festgeschrieben, gelten mithin bis in alle Ewigkeit als »der Weisheit letzter Schluß«?

Selbst der zuvor für unmöglich gehaltene, vierte Aggregatzustand der Materie wurde erst in diesem Jahrhundert entdeckt. Zum festen, flüssigen und gasförmigen trat der Zustand des *Plasma.* Wissenschaftler diskutierten bereits eine fünfte Möglichkeit, nämlich den Neutronenzustand der Materie. Wo sind im subatomaren Bereich überhaupt die Grenzlinien zwischen Materie und Energie zu ziehen, und – ist Materie nicht eigentlich so etwas wie »eingefrorene« Energie?

Ein Gedankenspiel an dieser Stelle: So, wie wir bei körperlicher Anstrengung schwitzen, emittieren anscheinend auch unsere Handlungen, unser Wesen an sich, ja sogar unsere unbewußten und bewußten Gedanken irgend etwas. Ist auch dafür die Seele verantwortlich? Lassen wir nochmals den bereits erwähnten Agrippa von Nettesheim zu Wort kommen:

»Daraus läßt sich erklären, warum manche Leute beim Vorübergehen an einer Stelle, auf welcher ein Mensch getötet wurde oder wo ein frisch beerdigter Leichnam liegt, von einer plötzlichen Angst oder Beklemmung befallen werden. Die Luft ist nämlich an solchen Stellen voll von den schrecklichen Bildern des verübten Mordes und beunruhigt daher, wenn sie daselbst eingeatmet wird, den Geist des Menschen mit diesen Bildern, woraus dann Furcht und Bangigkeit erfolgen. Alles, was einen plötzlichen starken Eindruck gewährt, bestürzt die Natur.«

Folgt man diesen Eindrücken, so überleben beim Tod beide Komponenten den vergänglichen Körper: die Ausstrahlung, Wolke, oder Dunst anscheinend nur für begrenzte Zeit, die *Seele* aber für immer. Also besitzen wir – im wahrsten Sinne des Wortes – etwas *Unvergängliches.*

Leben wir heute nicht in einer nüchternen und »abgeklärten« Zeit? Dies mag *ein* Aspekt unseres Zeitalters sein. Andererseits besteht ein großes Interesse an nichtmateriellen Dingen. Mysterien haben Hochkonjunktur. Viele Menschen nehmen an medialen Sitzungen teil, in denen sie versuchen, mit dem Jenseits Kontakt aufzunehmen, mit den Seelen verstorbener Angehöriger zu kommunizieren.

Es gibt spirituelle Meetings, Rückführungstherapien, »klassische« Geisterbeschwörungen, Schutzengelseminare und was weiß ich noch alles an Angeboten, deren Wahrheitsgehalt nicht immer bedenkenlos hingenommen werden sollte. Und nur allzuoft geben sie keine Antworten auf die wesentlichen Fragen über Leben und Tod. Trotzdem, die »Branche« boomt! Darum sollte ein jeder mit sehr großer Vorsicht und einer gesunden Portion Skepsis darangehen. Zu leicht ist die Gefahr der Selbsttäuschung, und nicht zuletzt besteht bei einigen »schwarzen Schafen« die Möglichkeit, reich an schmerzlichen Erfahrungen, dafür aber arm an Geld auf der Strecke zu bleiben. Das soll jedoch nicht darüber hinwegtäuschen, daß auch ernsthafte und seriöse Forschungen auf diesem Gebiet durchgeführt werden.

Ein milder Sommerabend auf Gut Nysund in Schweden, im Jahre 1959. Friedrich *Jürgenson*, ein Schriftsteller, Filmemacher und Amateurforscher, schaltet sein Tonbandgerät ein, um Vogelstimmen abzuhören, die er tags zuvor im Wald aufgenommen hat. Mitten in der Aufnahme spricht ihn plötzlich die Stimme seiner toten Mutter an: »Friedel, kannst Du mich hören?«

Das ist alles. Erstaunt spult Jürgenson das Tonband zurück, um feststellen zu können, ob ihm seine Ohren einen bösen Streich gespielt haben. Und wieder ist die Stimme seiner Mutter deutlich auf dem

Band zu hören. Auf dieses Erlebnis hin beginnt er mit einer langen Reihe von Experimenten, um »Geisterstimmen« aufzunehmen.

Seitdem tauchten auf Jürgensons Tonbändern auf geheimnisvolle Weise Hunderte von Stimmen auf. Für gewöhnlich äußerten sie nur ein Wort, oder bestenfalls kurze, einfache Sätze. Nachdem er seine ersten Tonbandphänomene empfangen hatte, begannen andere Experimentatoren seine Versuche nachzuvollziehen. Die bemerkenswertesten Erfolge erzielte Konstantin *Raudive*, ein in Lettland geborener Psychologe, der zur Zeit von Jürgensons ersten Tonbandaufnahmen in Schweden lebte und später bis zu seinem Tod in Deutschland arbeitete.

Dieses Phänomen der Tonbandstimmen ist eine der aufregendsten Erscheinungen der letzten Jahre: Was das UFO-Phänomen für die Diskussion über Leben außerhalb der Erde sein mag, sind die Tonbandstimmen für die Fragen über das Leben nach dem Tod!

Vierzehn Jahre ließ Jürgenson die Welt in dem Glauben, daß die Stimme seiner Mutter auf der Aufnahme mit den Vogelstimmen ein unerwartetes Erlebnis gewesen sei. Erst in den siebziger Jahren gab er zu, daß er schon etliche Monate vor diesem denkwürdigen Ereignis mit dem Ziel experimentiert hatte, »irgend etwas« auf den Magnetbändern zu empfangen. »Irgendwie und völlig ohne mir bekannten Grund entstand in mir ein überwältigender Wunsch, mit irgendeinem Unbekannten einen elektronischen Kontakt herzustellen. Es war ein sonderbares Gefühl, fast so, als habe ich einen Kanal für etwas geöffnet, das noch verborgen war und ans Licht wollte. Gleichzeitig erinnere ich mich, daß ich mich skeptisch, amüsiert und neugierig zugleich fühlte.«

Nach seinem Ableben wurden Jürgenson und auch sein Kollege Raudive selbst zum wortstarken »Freund von drüben«, die ihren Nacheiferern Anweisungen gaben, wie der Kontakt zum Jenseits verbessert werden könnte.

Jürgensons bahnbrechendes Erlebnis liegt nun schon bald vierzig Jahre zurück. Heute beschäftigen sich immer mehr Menschen mit immer ausgereifteren Geräten mit dem »Stimmenfang«. Mit allerlei guten und weniger guten Ratschlägen scheint das Jenseits offenbar sehr an einer weiteren Verständigung mit uns interessiert.

Mittlerweile geben sich die Toten aber nicht mehr mit Manifestationen von Stimmen allein zufrieden, sondern schicken sich an, das Medium Fernsehen zu erobern. *Transkommunikation* auf allen Kanälen ist angesagt! Im November 1994 war der deutsche Elektroakustiker Hans-Otto König in einer Personality-Show eines großen privaten Fernsehsenders zu Gast. Schon seit 1974 beschäftigt sich König mit der Aufzeichnung jener geheimnisvollen Stimmen auf dem Magnetband. So meldeten sich bei ihm Personen aus seiner näheren räumlichen Umgebung, die er jedoch nicht kannte, und baten ihn wie selbstverständlich darum, Nachrichten an ihre noch lebenden Verwandten zu übermitteln. Einer Familie in Düsseldorf überbrachte er die Nachrichten ihres verstorbenen Vaters, der in den Einspielungen betonte, »drüben« weiterzuleben. Die Stimme auf dem Tonband gab die Adresse der Familie an – und alle Angaben, bis auf die verdrehte Hausnummer (13 anstatt 31), stimmten exakt! Sogar die Stimme selbst wurde von der Witwe als die ihres verstorbenen Mannes identifiziert!

In der Sendung demonstrierte König seine Versuchsanordnung, die aus einem Fernsehapparat und einem Videorecorder bestand. Um nicht den Kritikern Wasser auf deren Mühlen zu gießen, arbeitet Hans-Otto König stets ohne Verbindung des Fernsehers zur Antenne; so daß eigentlich nur ein Flimmern auf den Video-Aufzeichnungen erscheinen dürfte. Den umgebauten Fernsehempfänger stellte er auf die Frequenz von 320 MHz ein. Im Laufe der Zeit fing er so eine stattliche Sammlung von »Videoaufnahmen aus dem Jenseits« ein. So sitzt beispielsweise eine Gestalt erkennbar im Halbprofil auf einem Stuhl und behauptet von sich, Antonio zu sein, der bereits viele Wiedergeburten durchgemacht habe und früher einmal der römische Konsul *Mark Anton* gewesen sei. Auch Bilder unseres Universums wurden empfangen – mit der Botschaft »Sag allen Menschen, daß wir leben!«

Wem kommt anläßlich solcher Schilderungen nicht zwangsläufig die Idee, daß die Seele vielleicht in einer Art Parallelwelt weiterexistiert, mit uns aber unter normalen Verhältnissen keinerlei Verbindung aufnehmen kann? Der Physiker Dr. Ledermann warf als erster die Frage auf, wo diese Daseinsebene existieren könnte. Seinen Überlegungen nach muß sie unter uns, neben uns, in unmittelbarer Nähe sein. Diese Parallelwelt könnte unsere Welt durchdringen, ohne physikalische Wechselwirkungen zu erzeugen.

Je weiter die Wissenschaft in den Makro- und in den Mikrokosmos eindringt, um so phantastischer werden die Erklärungsmöglichkeiten. Auch wenn die Ansätze zu derartigen Erkenntnissen schon seit Jahrtausenden existieren.

Reiz und Ziel

Der große griechische Philosoph *Aristoteles* (384–322 v. Chr.) war der Auffassung, daß die Seele zwei sie kennzeichnende Merkmale besitzt: Reizbarkeit und zielstrebige Handlung. Wie eine Pflanzenwurzel in der Lage ist, gleich einem Sinnesorgan die winzigen, aus dem Leck einer Wasserleitung austretenden Mengen Wasser auf weite Strecken hin als Reiz zu registrieren, sollte auch die Seele zur Wahrnehmung für sie relevanter Reize beträchtliche Distanzen überwinden können. Sozusagen als Aktivierung ihres zweiten spezifischen Merkmales – die zielstrebige Handlung. In der Pflanze erweckt der empfundene Reiz ein Begehren, er wird ihr Leitmotiv, möglichst viele Wurzeln in die Richtung des Wassers auszusenden. Genauso handelt – gemäß der Hypothese des griechischen Philosophen – unsere Seele, um sich gezielt zu reinkarnieren.

Nach Aristoteles bildeten sich keine neuen Auffassungen auf dieser Ebene. Erst René *Descartes,* der große französische Philosoph, Mathematiker und Naturwissenschaftler, brachte neue Aspekte in die Diskussion ein. Zur Seele äußerte sich der Denker: »Die Seele ist weder Stoff noch Kraft, sondern sie ist eine Substanz, deren Wesen ausschließlich im Bewußtsein liegt, die also weder räumlich gemessen, noch nach Masse oder Gewicht berechnet werden kann.«

Seither bezeichnet man die Seele gerne als eine einfache, nicht-ausgedehnte, immaterielle Substanz. In seiner naturwissenschaftlich geprägten Betrachtung mag Descartes womöglich recht haben, aber was ist, wenn sich unsere Sinne nach dem Tode sehr wohl Maßeinheiten bewußt werden können? Wenn auch in anderen Dimensionen.

Der griechische Schriftsteller, Historiker und Philosoph *Plutarch* (46–125 n. Chr.) berichtet von einem gewissen Thesposios, der zu seinen Zeitgenossen zählte. Dieser war von seinem Elternhaus her mit großem Wohlstand gesegnet, und verschwendete bald sein gesamtes Erbe. Um wieder reich zu werden, ging er äußerst skrupellos vor und ließ sich auf undurchsichtige Geschäfte ein. Irgendwann war sein Ruf vollkommen geschädigt, woraufhin ihm nicht viel Sympathie entgegenschlug.

In damaligen Zeiten war es durchaus üblich, bei einem Orakel Rat einzuholen. In diesem Fall lautete die lapidare Auskunft der Priester nur: »Es wird dir bessergehen, wenn du gestorben bist!«

Bald darauf sollte sich diese Prophezeiung auf höchst tragische Weise erfüllen. Thesposios verunglückte, als er von einem hohen Felsen in die Tiefe stürzte. Er blieb körperlich völlig unverletzt, hatte jedoch sein Bewußtsein verloren, und alle nahmen an, er sei tot. Nach drei Tagen sollte er bestattet werden, doch kurz vor der eigenen Beisetzung erwachte Thesposios wieder. Daraufhin begann er ein vollkommen neues Leben – ohne Sittenverstöße und Betrügereien. Seinen erstaunten Mitmenschen berichtete er den Anlaß für seinen Sinneswandel: Während seiner Bewußtlosigkeit habe er nämlich drei Tage im Jenseits verbracht. Und diese Grauzone habe einige Erkenntnisse für ihn bereitgehalten.

»Als ich in die Tiefe stürzte, löste sich unvermittelt meine Seele von meinem Körper. Ich kam mir vor wie ein Taucher, der immer weiter nach unten sinkt. Plötzlich erschien mir meine Seele wie ein einziges, geöffnetes Auge, das nach allen Seiten zugleich blicken konnte. In meinem vorhergehenden Zustand, als lebender Mensch, mußte ich wahrhaft blind gewesen sein. So sah ich sonderbarerweise nichts mehr von alledem, was ich früher wie andere Menschen in der Welt gesehen hatte. Vielmehr entdeckte ich überall neue, mir bisher unbekannt gebliebene Dinge. Das einzige, was mir bekannt erschien, waren die Sterne. Aber sie waren ungeheuer groß, standen in unermeßlicher Entfernung voneinander und strahlten gleichzeitig in einem nie gesehenen Glanz voller kräftiger Farben. Das Licht war für meine Seele zum neuen Element geworden, in dem sie schwamm und getragen wurde, ähnlich einem Schiff auf ruhiger See. Meine Seele stand nicht still im Raum. Es gab für sie kein Hindernis und keine Geschwindigkeit. Allein durch den Wunsch, an einem anderen Ort zu weilen, konnte sich die Seele ungehindert an jeden Platz bewegen.«

»Seelenkugeln«

»Plötzlich wurde mir bewußt, daß ich an dieser wunderbaren Stätte nicht allein war. Ich bemerkte die Seelen anderer Verstorbener in leuchtender Kugelgestalt. Wie mir schien, stiegen sie von unten nach oben. Das geschah zum Teil sehr mühelos und beweglich, teils in merkwürdigen, spiralförmigen Bahnen. Ich versuchte, mit diesen Seelen Verbindung aufzunehmen, und rief sie an, aber sie schienen unfähig zu sein, meine Worte zu hören. Ich selbst war hingegen durchaus fähig, mitzufühlen, was diese Seelen empfanden. Während sie ziellos durch den Raum flogen, ging oft ein angstvolles Klagen von ihnen aus. In größter Höhe konnte ich andere Seelen erkennen, welche freudig und frei von Furcht näherkamen. Dabei wichen sie den ängstlich und unruhig flatternden Seelen aus.

Endlich konnte ich inmitten der zahlreichen vorüberschwebenden Seelenkugeln einen schon vor langer Zeit verstorbenen Verwandten entdecken. Wir waren in der Lage, uns zu verständigen. Der Verwandte redete mich sogar mit meinem Namen an. Von diesem Familienangehörigen erfuhr ich, daß ich die Schwelle des Todes noch nicht endgültig überschritten hatte. Nach dem Willen der Götter sei nur der ›denkende Teil meiner Seele‹ für eine kurze Zeit vom Körper losgelöst worden. Die übrigen Organe der Seele seien hingegen – gleichsam als Anker – in meinem leblosen Körper zurückgeblieben.

Jetzt nahm ich wahr, daß ich als einziger von allen Seelen, die an dieser Stätte umherschwebten, noch einen Schatten besaß. Alle anderen hatten ein beinahe durchsichtiges Aussehen. Dennoch sahen diese Seelen keineswegs alle gleich aus. Manche der kugelgestaltigen Seelenphänomene gaben ein klares und ruhiges Licht ab, das dem Mondschein ähnelte, während andere an die Haut einer Schlange erinnernde Flecken oder Striemen aufzeigten. Das unterschiedliche Aussehen der Seelen war abhängig von dem Maß der Verfehlungen, die sie sich im Laufe ihres irdischen Daseins hatten zuschulden kommen lassen.

Von meinem verwandten Begleiter, der sich in meiner Nähe aufhielt, erfuhr ich auch, wie die bösen Taten im Jenseits abgegolten werden. Dort gab es kein Verbergen oder Ableugnen der Schuld mehr. Alle Laster wie Macht- und Geldgier, Mißgunst und Haß, waren durch entsprechende Farben gekennzeichnet. Die Göttinnen der Gerechtigkeit verhängten hierfür furchtbare Strafen. Und die Schuldigen mußten so lange büßen, bis das Aussehen ihrer Seelen fleckenlos rein geworden war. Dann führte mich mein Begleiter weiter durch einen scheinbar unermeßlichen Raum, den ich im Licht schwimmend durcheilte.

Auf dieser Fahrt erblickte ich die wundersamsten Landschaften, bis sich auf einmal ein Abgrund vor uns auftat, über den mich das Licht hinwegtrug. Mir wurde erklärt, dieses sei die Stätte des Vergessens. Ich blickte in den gähnenden Schlund hinab, dessen Wände mit üppigen Blumen und anderen Gewächsen bezogen waren. Herrliche Düfte hoben sich von dort in Wolken zu uns empor. Die Seelen, welche mich umkreisten, wurden wie von einem Taumel erfaßt.«

Nero sühnt als Tier

»Außer dieser Stätte des Vergessens sah ich im Jenseits andere Orte. Aus den Erklärungen meines Begleiters wurde mir allmählich klar, in welcher Weise die Organe der Seele mit dem einstigen Körper in Verbindung und Zusammenhang blieben. Ich sah, auf welch vielfältige Weise die Verfehlungen im Leben gesühnt werden. Und ich traf noch weitere Verwandte und Angehörige meiner Familie, welche grauenvolle Strafen zu erdulden hatten und die mich baten, ich möge für sie um Gnade bitten.

So manch dunkles Geheimnis fand seine Aufklärung. Ich konnte sehen, wie mein Vater für einen heimtückischen Giftmord büßte.

Er hatte im Leben auf Erden Gastfreunde beraubt und ermordet. Voller Entsetzen wandte ich mich ab. Ich war gegen meinen Willen gezwungen, viele andere Orte der Strafe und der Buße zu besichtigen.

Schließlich gelangte ich an jenen Platz, wo die Verwandlung der Seelen erfolgte, denen ein weiteres Erdenleben bevorstand, dieses Mal in Tiergestalt. Hier entdeckte ich Kaiser Nero, wie er in ein reißendes Tier verwandelt wurde, und viele andere unglückliche Wiedergeburten.

Plötzlich wurde ich von einem Sturmwind fortgerissen und emporgehoben. Ich stürzte in ein unermeßliches Dunkel, immer weiter, bis ich schließlich in meinen leblosen Körper zurückkehrte. Das war der Augenblick des Erwachens und der Rückkehr ins irdische Dasein, das mir zum zweiten Mal geschenkt wurde, kurz bevor ich bestattet werden sollte.«

Thesposios wurde noch einmal ins Leben zurückgeholt.

Genau wie unzählige Menschen unserer Zeit, deren Erlebnisse in einer – wie es scheint – jenseitigen Daseinsebene inzwischen einige Bücher sogenannter »Todesforscher« füllen. Der amerikanische Arzt Dr. Raymond *Moody* hat als erster über diese Phänomene aus der Grauzone zwischen Leben und Tod geschrieben; andere folgten ihm, wie etwa die Schweizer Forscherin Dr. Elisabeth *Kübler-Ross* und Kenneth *Ring,* Professor für Psychologie an der Universität von Connecticut.

Derartige *Nahtod-Erlebnisse* scheinen bleibende Eindrücke zu hinterlassen bei jenen Personen, die durch medizinische Kunst in ihr irdisches Dasein zurückgeholt werden konnten. Denn die Gewißheit, daß der Tod kein Schlußpunkt ist, nicht das absolute Ende, sondern vielmehr der Anfang von etwas ganz Neuem, läßt diese Überlebenden ihr gegenwärtiges Leben viel intensiver, aufgeschlossener, bewußter und selbstsicherer erleben. Mit ihrem durch das Nahtod-Erlebnis geschärften Bewußtsein scheinen sie sogar deutlicher als andere Menschen künftige Entwicklungen voraussehen zu können.

Wie mag es aber jenen ergehen, die sich nur bedingt an ein Jenseits erinnern, sondern vielmehr an eine tatsächlich gelebte, frühere Existenz – und die in einem neuen Leben, in einem neuen Körper, auf unserer Erde wandeln?

3

»Es ist erstaunlicher, nur einmal
geboren zu werden, als zweimal.
Alles in der Natur ist Auferstehung.«
Voltaire (1694–1778)

»Der Pfeil – er fliegt genau auf mich zu ...«

Unter Hypnose in ein vergangenes Leben

Ein Tag im Mai 1994, gegen zwanzig Uhr abends in einer kleinen Stadt im Südosten Bayerns. Etwa zwanzig Personen treffen sich zu einem ungewöhnlichen Experiment. »Versuchspersonen« hierfür sind sechs Frauen und neun Männer aus dieser Gruppe unterschiedlichen Alters, vom Lehrling bis zum Gymnasiallehrer. Einer jener Freiwilligen hat sein Wohnzimmer zur Verfügung gestellt: drangvolle Enge – was würden wohl die Nachbarn zu den folgenden Aktivitäten sagen ...

Die erste Aufgabe für die Versammelten besteht darin, sich einigermaßen bequem in dem mittelgroßen Raum zu verteilen. Bei zwanzig Menschen ist das sicherlich kein allzuleichtes Unterfangen. Letztlich hat dann doch noch jeder einen Platz gefunden, mancher am Boden liegend, einige im Schneidersitz daneben, andere eng auf die einzige Couch gedrängt. Und während leise Meditationsmusik ertönt, warten die Freiwilligen auf die Dinge, die da noch kommen mögen.

»Du bist vollkommen entspannt, alles um dich herum wird bedeutungslos ...« Mit sanfter und dennoch eindringlicher Stimme beginnt Meditationslehrer *Ananda* mit der Hypnose. Der Südostbayer, der in Indien einige Erfahrungen auch spiritueller Art sammeln konnte und diesen exotischen Namen annahm, hatte sich bereit erklärt, für den Reporter Mike Schmitzer ein aufsehenerregendes Experiment durchzuführen.

Eine knappe halbe Stunde später hatte *Ananda* mit den Versammelten eine imaginäre Reise in die Tiefen ihres Unterbewußtseins unternommen. Jetzt war für ihn der richtige Zeitpunkt für das Experiment gekommen. Die Chance, an verborgenen Bewußtseinsinhalten teilzuhaben, standen gut. »Wenn du Bilder erkennen kannst, dann nicke mit dem Kopf«, fordert *Ananda* die Mitglieder der Gruppe auf. Zunächst passiert nichts, und er wiederholt seine Aufforderung. Endlich bewegen sich, zaghaft aber doch merklich, einige Köpfe auf und ab.

»Wenn ich dich berühre, dann kannst du mir erzählen, was du siehst«, spricht der Experimentator und erhebt sich dabei langsam von seinem Platz. Aufmerksam, aber skeptisch beobachtet der Redakteur die Szene, die sich im Halbdunkel vor seinen Augen abzuspielen beginnt. Gespannt wartet er auf erste Äußerungen aus der Runde der Hypnotisierten. Noch passiert nichts.

Doch dann beginnt einer der Versammelten, ein junger Mann, mit stockender Stimme zu erzählen.

Die Hütte am Limes

»Ich sehe einen kleinen Jungen ...« *Ananda* fragt nach, wer dieser Junge sei. »Das ist mein Sohn. Er ist gerade sechs Jahre alt.« Der Befragte berichtet, er sei achtundzwanzig Jahre alt und lebe in einer kleinen Hütte am Limes, jenem legendären Schutzwall, den die Römer ab 85 n. Chr. im Norden ihres Reiches gegen die germanischen Völker errichtet haben. Seine Frau, so fährt er fort, sei vor sechs Jahren bei der Geburt des einzigen Sohnes gestorben.

Den kärglichen Lebensunterhalt verdiene er sich mit Jagen und Fallenstellen. Die Frage nach seinem Namen und einer Jahresangabe bleibt unbeantwortet.

Dann fordert der Hypnotiseur seine Versuchsperson auf, bis zum nächsten tiefgreifenden Ereignis vorzugehen. Der junge Mann berichtet von bewaffneten Männern in Rüstungen, die sein Dorf überfallen. Er selbst – mittlerweile ein alter Mann – muß bei dieser Gelegenheit sterben: Er wird durch einen Pfeil getötet. Dieses Bild blieb im Gedächtnis des heute Zwanzigjährigen haften, an weitere Einzelheiten fehlt ihm die Erinnerung.

Eindrucksvoller sind die Erlebnisse des neunzehnjährigen Christian J. aus Heldenstein. Hier der spannende Auszug aus dem Dialog unter Hypnose:

»Wo befindest du dich?«

»In einer Stadt.«

»Weißt du, in welchem Jahrhundert du lebst?«

»Nein.«

»In welchem Land?«

(Keine Antwort)

»Was geschieht in der Stadt?«

»Wir räumen die Toten weg.«

»Hast du dich verstecken können?«

»Ja, in einem Wassergraben.«

»Sind die Angreifer wieder abgezogen?«

»Ja.«

»Welche Waffen hatten sie?«

»Schwerter – komische Schwerter. Sie waren lang und gebogen, groß und scharf.«

»War das der erste Angriff?«

»Nein, schon öfter.«

»Warum habt ihr euch dann nicht stärker bewaffnet?«

»Sie haben gesagt, sie lassen uns in Ruhe.«

»Wie heißt die Stadt?«

»Ich weiß nicht.«

»Was fühlst du?«

»Ich habe Angst.«

»Warum hast du Angst? Kommen sie zurück?«

»Nein.«

»Was empfindest du beim Wegräumen der Toten?«

»Trauer.«

»Sind auch Bekannte mit dabei?«

»Nein.«

»Wurde denn deine Familie verschont?«

»Ich bin allein.«

»Du gehst jetzt weiter zu einem anderen wichtigen Ereignis. Was siehst du?«

»Ich bin eingesperrt. Es ist kalt.«

In diesem Moment beginnt Christian J., der am Boden liegt, heftig zu zittern.

»Warum bist du eingesperrt?«

»Ich habe Essen gestohlen.«

»Wo bist du?«

»In einem Gefängnis in der Stadt.«

»Wieviel Zeit ist inzwischen vergangen?«

»Ein paar Jahre.«

Ananda, der Meditationslehrer und Hypnotiseur, fordert seine Versuchsperson auf, ihren Gefühlen freien Lauf zu lassen. Christian J. beginnt daraufhin leise zu schluchzen.

»Wo bist du jetzt?«

»Ich weiß nicht.«

»Hast du Angst?«

»Ja, sehr.«

Der noch immer am Boden liegende Christian J. atmet heftig. Seine Hände hält er in unnatürlicher Stellung gekrümmt, beinahe so, als seien sie gelähmt. Sein ganzer Körper zuckt unkontrolliert. »Ich kann meine Hände nicht fühlen, sie halten mich fest«, stammelt der Hypnotisierte. *Ananda* weist den jungen Mann an, tief durchzuatmen. Er solle sich befreien. Doch der schluchzt: »Ich kann nicht.«

Nach einiger Zeit beruhigt er sich schließlich wieder. Mit klarer und verständlicher Stimme erklärt er, daß er sich jetzt frei fühle. Um ihn herum scheine ein helles Licht – und es herrsche freundliches Strahlen.

»Ich bin allein, aber ich fühle mich wohl.«

Schließlich beendet der Experimentator den Versuch und holt den jungen Mann aus der Hypnose ins Hier und Jetzt, in die Runde der Versammelten zurück.

Christian J. schlägt die Augen auf und schüttelt leicht benommen den Kopf. »Was ist passiert«, will er von den anderen wissen. »Ich habe mich hingelegt und bei den Entspannungsübungen mitgemacht. Von da an weiß ich überhaupt nichts mehr.« Genauso wie der junge Mann, der vor ihm hypnotisiert wurde, hatte auch Christian J. vor diesem Abend keinerlei Erfahrung mit Hypnose oder Regression.

Als Redakteur Mike Schmitzer dem Neunzehnjährigen wiedergibt, was dieser unter Hypnose erlebt und geschildert hat, werden dessen Augen immer größer. Ob er sich denn erklären könne, woher diese Erinnerungen stammen, will Schmitzer wissen. Christian J. muß diese Frage verneinen, denn derartige Bewußtseinsinhalte waren ihm bislang völlig fremd. Den einzigen Reim, den er sich darauf machen könne, sei, daß sie ein anderes, ein vorhergehendes Leben betreffen.

Auch Armin H. ist sich nicht ganz sicher, worauf seine Erlebnisse unter Hypnose zurückzuführen sind. Ein möglicher Hinweis für ihn könnte aber sein Interesse an allem sein, was mit dem Mittelalter zusammenhängt. Sind es wirkliche Erinnerungen an eine frühere Existenz, die da zutagetreten, oder spielt ihm sein Unterbewußtsein nur einen perfiden Streich, indem es ihm aus irgendwann zufällig aufgeschnappten Informationen ein vorheriges Erdendasein vorgaukelt?

Skeptiker führen Erinnerungen an mutmaßlich frühere Leben gerne auf *Kryptomnesie* zurück. Darunter versteht man die Annahme, daß alle Informationen im gegenwärtigen Leben erworben, danach jedoch wieder vergessen wurden. Sie seien aber im Unterbewußtsein gespeichert und könnten beispielsweise durch Hypnose wieder hervorgeholt werden.

Doch zurück zu Armin H. Er erzählt weiter: »Ich weiß nur noch, daß ein Pfeil auf mich zuflog und mich in die Brust traf.« Auf die Frage, ob er den Schmerz denn real fühlen konnte, antwortete er: »Es tat schon fürchterlich weh, aber irgendwie anders als in Wirklichkeit.«

Wegen eines weiteren Termins ist unser Reporter Mike Schmitzer bereits damit beschäftigt, seine Sachen zusammenzupacken, da spricht ihn die einunddreißigjährige Christine B. an. Sie ist eigens aus ihrer über fünfzig Kilometer entfernten Heimatstadt angereist, um an dieser Rückführung teilzunehmen.

Während der Hypnose habe sie sich gesehen, wie sie als ein kleines Mädchen auf einem Marktplatz stand. Sie konnte sich sogar an das Datum erinnern: »Es war im Jahre 1819. Um mich herum standen viele Menschen, die in weiße Gewänder gekleidet waren. Vor mir sah ich einen großen Scheiterhaufen, auf dem meine Mutter an einem Pfahl angebunden war. Sie sollte an diesem Tag als Hexe verbrannt werden.« Bevor es aber soweit kam, sei sie aufgewacht, so Christine B.

Die letzte Hinrichtung einer Hexe auf deutschem Boden fand zwar – nach offizieller Lesart – 1793 in Posen statt. Zweifel hierüber sind jedoch mit ziemlicher Sicherheit angebracht.

»Auf der Empore sitzt der Großinquisitor«

Für die erfolgreiche Serie »Unglaubliche Geschichten« hatte der inzwischen pensionierte Facharzt für Anästhesie, Dr. Günter Abel, dem Moderator der Sendung, Rainer Holbe, die folgende, geradezu unheimliche Episode berichtet.

Noch in den fünfziger Jahren war es üblich, die Narkose bei einer Operation mit freier Hand durchzuführen. »Schimmelbuschmaske«, Chloräthyl, Äther und viel Fingerspitzengefühl des Narkosearztes entschieden über ihre Wirksamkeit. Ganz dunkel kann auch ich mich noch an eine Blinddarmoperation im zarten Alter von vier Jahren erinnern, in deren Verlauf dasselbe Instrumentarium zum Einsatz kam.

Heutzutage ist das alles vollkommen anders. Hochempfindliche Apparate überwachen ständig den Verlauf der Narkose, melden sofort, wenn irgend etwas nicht stimmt. Der Begriff der »Apparatemedizin« macht unter den Kritikern der modernen Heilkunst gerne die Runde. Im Eifer des Gefechts sollte aber nicht übersehen werden, daß die Zuverlässigkeit der Anästhesie gerade durch die Verwendung der modernen Technik im Vergleich zu früher auffallend deutlich gestiegen ist.

Anfang der fünfziger Jahre, es war an einem Freitag im Juni, stand der beinahe alltägliche Fall der Entfernung eines offenbar gutartigen Tumors auf dem Operationsplan. Einer jungen, rothaarigen

Dame sollte die am Rücken lokalisierte Geschwulst entfernt werden. Der am Kopfende sitzende Arzt, der eingangs erwähnte Dr. Abel, hatte bereits mit dem Tropfen des Äthers begonnen, als ihn der operierende Chirurg eindringlich auf ein mögliches Risiko hinwies:

»Seien Sie vorsichtig, Herr Kollege, sie ist rothaarig und somit wahrscheinlich kreislauflabil, und die Nervenversorgung über die Wirbelsäule hat erfahrungsgemäß ihre Tücken. Halten Sie die Narkose bitte so flach wie möglich, versuchen Sie, sich mit der Patientin zu unterhalten.«

Die Situation war damit klar umrissen. Schmerzempfinden und klares Denken waren in jedem Fall auszuschalten. Um trotzdem keine unangenehmen Überraschungen zu erleben – jede Operation, jede Narkose birgt selbst in unserer Zeit noch immer ein unkalkulierbares Restrisiko –, mußten Ansprechbarkeit und notfalls sofortiges Erwachen gewährleistet sein. Also hielt sich der Anästhesist an die Warnung des operierenden Chirurgen und begann ein Gespräch mit der wie in Trance auf dem Operationstisch liegenden Frau.

»Spüren Sie Schmerzen?« fragte der Narkosearzt.

»Nicht direkt«, lautete die Antwort der rothaarigen, jungen Frau, »einzig die Flammen lodern immer heißer und der Pfahl am Rücken scheuert ganz ekelhaft.«

Der Anästhesist war hierüber nicht wenig erstaunt, dachte jedoch zunächst an das naheliegendste: Phantasien im Halbtrancezustand. Dies ist bei sehr vielen Patienten der Fall, wenn sie langsam in die Narkose hinüberdämmern. Trotzdem ging er weiter auf das Berichtete ein, um den Kontakt nicht abreißen zu lassen.

»Woher könnte Ihrer Meinung nach das Feuer kommen? Und was bedeutet der Pfahl, den Sie gerade erwähnt haben?«

»Sehen Sie denn nicht, daß ich inmitten eines Reisigfeuers an dieser Stange festgebunden bin?« antwortete, fast etwas ärgerlich, die halbbetäubte Patientin.

»Wie sind Sie denn in diese Situation gekommen?« wollte Dr. Abel nun etwas genauer wissen.

»Sie fragen das noch, obwohl es die Spatzen schon von allen Dächern pfeifen? Der Herr Großinquisitor behauptete – nur meiner roten Haare wegen – daß ich eine Hexe sei, die mit dem Satan buhlte. Er verurteilte mich zum Tode und zog mein Vermögen ein.«

»Wie kommt dieser, äh, Großinquisitor nur zu derartigen Behauptungen?«

»Es ist natürlich alles Lüge. Aber ich weigerte mich standhaft, mich einem der Männer hinzugeben, und das ist der wirkliche Grund für meine Verurteilung.«

Die Operation ging zwischenzeitlich zügig vonstatten. Da jedoch die Geschwulst größer als erwartet war und zudem an mehr Blutgefäßen als üblich hing, mußte der operierende Arzt tiefer ins Gewebe schneiden. Er bat seinen Kollegen, die Narkose ein wenig zu vertiefen. Die Patientin auf dem OP-Tisch atmete tief durch und begann leise vor sich hinzustöhnen.

»Sehen Sie dort drüben den Lüstling auf der Tribüne, wie er auf meine Brüste stiert? Geifer rinnt aus diesem abgrundtief bösartigen Maul, das mich übel denunziert hat, nur weil ich mir seine lästigen Nachstellungen verbeten hatte.«

Plötzlich wurde die Patientin unruhig. Ihr Gewebe verspannte sich, das Blut wurde dunkler, es zeigten sich die typischen Symptome eines Narkosezwischenfalles. Nun war rasches Handeln angesagt. Dr. Abel riß die Äthermaske vom Gesicht der jungen Frau, stellte den ungehinderten Durchgang der Atemwege sicher. Minuten banger Sorge vergingen, dann normalisierte sich ihr Zustand wieder soweit, daß die Narkose und der Eingriff am Tumor fortgesetzt werden konnten.

»Geht es Ihnen wieder besser?«, fragte der Anästhesist sichtlich erleichtert, um den Sprechkontakt mit der Patientin nicht abreißen zu lassen.

»Danke, der Wind hatte sich nur etwas gedreht, und beißender Qualm erschwerte mir das Atmen. Nun lodert das Feuer wieder an mir hoch, und meine Qualen werden hoffentlich bald beendet sein.«

Die Patientin machte eine kleine Pause, die Operation lief gut weiter, dann fuhr sie mit ihrer unglaublichen Schilderung fort.

»Sehen Sie das hämische Grinsen der Hofschranzen, die eifrig an ihren Altardeckchen nähen und sticken, damit sie dafür im Himmel belohnt werden?«

Dem Narkosearzt war die ganze Sache mittlerweile unheimlich geworden, und er schien wohl den ersten Anflug einer Ahnung zu bekommen, daß es bei dieser Geschichte um eine gänzlich andere Existenz ging als um die gegenwärtige. Und obwohl er sich darauf noch keinen rechten Reim machen konnte, fragte er die Patientin nach ihrem Alter.

»Erst gestern war mein achtzehnter Geburtstag. Zum Sterben noch viel zu früh. Doch eines ist sicher: Ich bin unschuldig und werde wieder auf diese Welt zurückkommen. Da drüben links, auf der Empore, sitzt der Großinquisitor. Er war es, der seinen Schergen befahl, mir Busen und Oberschenkel mit rotglühenden Brenneisen zu verunstalten, um dem Leibhaftigen künftig die Einfahrt in meinen Körper zu verwehren. Auch in den Rücken, dort, wo meine Wunde so entsetzlich scheuert, ließ er glühendes Eisen stoßen, tief bis zu den Knochen«, beklagte sich stöhnend die junge Frau. Allem

Anschein nach litt sie fürchterliche Qualen, schien die von ihr geschilderte Situation noch einmal real zu durchleben.

Auch der operierende Chirurg hatte die letzten Worte gehört und schüttelte verwundert den Kopf. »Sonderbar, was für dummes Zeug doch manche Patienten in der Narkose reden. Übrigens ist die Geschwulst gutartig, aber vollkommen atypisch und viel zu stark gefäßversorgt. Deshalb bitte ich Sie, noch leicht weiterzuträufeln, Herr Kollege.«

Noch immer in Trance, doch nun fortwährend leiser und unverständlicher werdend, beschloß die junge Patientin ihren bizarren Bericht.

»Auch der Henker ist kein ehrenwerter Mann. Er nahm zwar mein Geld und versprach mir, wenn es soweit ist, die Kehle zuzudrücken, um mir das Sterben schneller und leichter zu machen. Doch er hat sein Wort nicht gehalten. Das ist übrigens auch der Grund, warum ich Ihre Fragen beantworten kann. Doch wer sind Sie eigentlich, Ihre Stimme ist mir unbekannt. Sie schallt wie aus weiter Ferne. Stammen Sie auch aus Brabant?«

Unheimliche Spuren auf der Haut

Endlich war die Operation vorüber. Der Narkosearzt nahm der jungen Dame die Äthermaske vom Gesicht, und die Pfleger legten die Patientin auf eine fahrbare Trage. Bei dieser Gelegenheit bemerkten die Ärzte an Brüsten und Oberschenkeln seltsame braune Hautflecken, genau dort, wo die rothaarige Frau ihrer Erzählung nach von den Folterknechten des »ehrenwerten« Großinquisitors mit glühenden Eisen gefoltert worden war. Langsam wurde sie wach und sah die Verwunderung auf den Gesichtern der Männer in den weißen Kitteln.

»Kein Grund zur Aufregung«, meinte sie, »es sind nur Leberflecke,

· die ich von Geburt an habe. Sie stehen mit der Rückengeschwulst in keinem Zusammenhang. Ein Facharzt hat diese Veränderungen schon genau untersucht. Wirklich kein Grund zur Besorgnis!«

Dann wurde die Patientin vom Personal auf ihr Zimmer gefahren, und der Alltag im OP-Saal nahm seinen üblichen Lauf. Bald ließ der Berufsstreß die bemerkenswerte Geschichte der jungen, rothaarigen Frau vergessen.

Jahre vergingen. Als passionierter Sammler historischer Pretiosen stöberte der Anästhesiearzt in einem Straßburger Antiquariat nach alten Schätzen. Aus einem Haufen unordentlich gestapelter Bücher zog der hilfsbereite Besitzer einen alten Kupferdruckband.

»Sehen Sie sich doch einmal diese makellose Frau an«, kommentierte er eines der Bilder aus dem Buch. »Sie wurde von der Inquisition zum Tode verurteilt.«

Dr. Abel, dem Narkosearzt aus der eben geschilderten Episode, versetzte der Anblick des Kupferstiches einen tiefen Schock. Die in dem alten Folianten abgebildete Todeskandidatin glich nämlich haargenau jener Patientin aus den fünfziger Jahren mit ihrer bizarren Schilderung des tragischen Flammentodes, den sie als vermeintliche Hexe erlitten hatte. Deutlich waren auf dem Kupferstich die dunklen Brandflecke auf den Brüsten und Oberschenkeln zu erkennen, beigebracht von den glühenden Eisen der Folterknechte. Der hilfsbereite Antiquar übersetzte Dr. Abel den Begleittext aus dem Altfranzösischen:

»Eine achtzehnjährige Frau aus reichem Hause erhielt vom Satan fürs Buhlen Gold und Edelsteine. Trotz peinlichster Folter und Tortur hat sie ihre Missetaten nie eingestanden. Wer derart widerstandsfähig ist, beweist damit seine Schuld. Nur noch loderndes Feuer kann diese arme und vom Teufel besessene Seele wieder reinigen.«

Es gibt Dinge zwischen Himmel und Erde, die mit unserem »gesunden Menschenverstand« nicht mehr so ohne weiteres zu erklären sind. Waren beide Personen – sowohl die zum Tod auf dem Scheiterhaufen verurteilte »Hexe« als auch die rothaarige Patientin im Operationssaal – identisch? Mit bloßem Zufall kann dieses Rätsel nicht überzeugend aufgeklärt werden. Ist es tatsächlich denkbar, daß in einer neuen Existenz Spuren aus der Vergangenheit so deutlich zutage treten?

In der Tat gibt es unzählige solcher sensationellen Fälle, die dies zu bestätigen scheinen. Die Seele vermag Wunden einer früheren Existenz bei ihrer Reinkarnation in der darauffolgenden zu offenbaren. Beispiele finden wir in vielen Ländern und Kulturen – unabhängig von religiösen Anschauungen. In einem der folgenden Kapitel werde ich auf diese zum Teil recht unheimliche Seite des Phänomens noch genauer eingehen. Der nächste Fall hingegen offenbart eher »seelische« Wunden.

Sehnsucht nach der alten Heimat

Ein nicht weniger tragisches Ende scheint einer Zeitgenossin in ihrer vorhergehenden Existenz zugedacht gewesen zu sein. Fast jede Nacht unternimmt eine Düsseldorfer Hausfrau in ihren Alpträumen eine Reise in ein fernes Land. Seit ihrer frühesten Kindheit erlebt die in zweiter Ehe mit einem Chinesen verheiratete Beate C. allem Anschein nach die atomare Vernichtung der japanischen Hafenstadt Hiroshima mit.

Beate C. war bis zu ihrem sechsten Lebensjahr ein Kind wie alle anderen – unbeschwert und fröhlich. Doch dann begannen diese unerklärlichen, schrecklichen Angstträume. Ihre Mutter versuchte zwar, sie zu trösten, und der Hausarzt verordnete ihr reichlich Beruhigungsmittel, aber eine Therapie hielt man nicht für angebracht. Keiner der Beteiligten ahnte auch nur entfernt, worum es hier gehen könnte. In Zeitungen und in Illustrierten begann das Mädchen, Bilder aus Japan zu suchen. Wann immer sie Szenen aus jenem fernöstlichen Land im Fernsehen sah, begann sie zu weinen. »Laßt mich doch wieder zurückgehen«, flehte sie ihre zunehmend ratloseren Eltern an.

Diese Sehnsucht nach dem fernen Inselstaat sollte sie nie mehr loslassen, und auch die Lebensart der Japaner faszinierte sie immer mehr. Beate bewunderte Landschaftsgestaltung und Küche, sie besorgte sich Bücher über die Kochkunst und begann, japanische Gerichte zu kochen.

Ihr erster Mann konnte mit ihren seltsamen Vorlieben nichts anfangen, und so wurde diese Ehe bereits nach einem halben Jahr wieder geschieden. Bald darauf lernte Beate ihren zweiten Mann kennen, einen in Malaysia geborenen Chinesen, mit dem sie einen Sohn hat. Ihr zweiter Mann ist zwar katholisch getauft, kann jedoch ihre Sehnsucht nach der Kultur Japans und der buddhistischen Religion verstehen. Beate C. trat schließlich selber zu diesem Glauben über.

Der Buddhismus vertritt – wie schon erwähnt – die Lehre von Karma und Wiedergeburt. Die Frau begann sich dafür zu interessieren und kam dabei auch mit parapsychologischen Aspekten in Kontakt. Speziell das Phänomen der Tonbandstimmen wollte sie selbst ausprobieren.

Bereits ihre ersten Versuche waren von unvermutetem Erfolg gekrönt. Wiederholt meldeten sich Stimmen, die ständig um Verzeihung baten. Es wurden deutlich Sätze wie »bitte verzeih uns« empfangen. Einige der Nachrichten verstand sie nicht, wußte aber instinktiv sofort, daß es sich um Japanisch handeln mußte. Zu dieser Zeit lernte Beate C. in Düsseldorf die junge Japanerin Youko Sasamori kennen, die ihr von da an beim Übersetzen der Botschaften auf dem Tonband half.

In Hiroshima verbrannt?

Erst nach der Aufarbeitung der Tonbandstimmen konnte Beate re-
konstruieren, welche erschütternden Erlebnisse ihr in ihrem frühe-
ren Leben zugestoßen waren. Demnach wuchs sie als Tochter ei-
nes Fischers in der japanischen Provinz Kouchi auf und hatte den
Namen Yumiko Ueida. Der Zweite Weltkrieg neigte sich seinem
Ende zu, und es war nicht mehr zu leugnen, daß das Japanische
Kaiserreich zu den Verlierern zählen würde. Ihre damaligen
Großeltern schickten Yumiko im Alter von sechzehn Jahren ge-
meinsam mit ihrem jüngeren Bruder Toshihiro für ein paar Tage zu
Verwandten in die Stadt.

Es war die hundertzwanzig Kilometer von ihrem Heimatort entfernt gelegene Hafenstadt Hiroshima. Der Morgen des 6. August
1945 versprach einen traumhaften Sommertag. Dann geschah das
Inferno. Aus dem wolkenlosen Himmel und ohne Vorwarnung fiel
die »Little Boy« genannte Atombombe aus dem US-Air-Force-
Bomber »Enola Gay« auf die Stadt. Eine nie zuvor gesehene Explosion zerriß den morgendlichen Frieden, die gewaltige, pilzförmige
Wolke stieg kilometerhoch in die Atmosphäre.

Wer nicht auf der Stelle atomisiert wurde, starb in Bränden und
Feuerstürmen, die Hiroshima in den Stunden und Tagen nach der
Explosion verwüsteten. In all den Jahren danach verendeten noch
ungezählte Menschen an den grauenhaften Folgen der atomaren
Verstrahlung. Zum ersten Mal in der langen Geschichte des Krieges
hatten die Überlebenden allen Grund, die Toten zu beneiden.

Das Mädchen Yumiko versuchte zu fliehen, aber sie und ihr kleiner
Bruder Toshihiro hatten nicht die Spur einer Chance. Aus diesem
Inferno, aus dieser alles verschlingenden Feuerhölle gab es kein
Entrinnen mehr!

Beate C. ist heute fest davon überzeugt, daß sich bei den Tonbandeinspielungen ihre verzweifelten Großeltern melden. Sie seien alt und könnten nicht in Frieden sterben. Eine schwere Last liege auf ihren Seelen, denn sie wissen, daß Yumiko und ihr Bruder Toshihiro einzig deshalb gestorben sind, weil *sie* sie nach Hiroshima in ihr Verderben geschickt hatten.

Diese Aussagen stimmen nachdenklich. Denn nimmt man es einmal als gegeben an, daß die Großeltern die Kinder in guter Absicht nach Hiroshima geschickt haben, können Schuldgefühle so mächtig werden, daß die Seelen – man könnte auch neutraler von Persönlichkeitskernen sprechen – in einem jenseitigen Daseinszustand solche »Höllenqualen« auszustehen haben? Beinahe wie in Dantes Inferno ...

Inzwischen träumt auch Dennis, der Sohn der Düsseldorferin, immer wieder von Feuer. Die Frau glaubt, auf den Tonbandeinspielungen erfahren zu haben, daß er in seinem früheren Leben ihr kleiner Bruder gewesen sei. Sie ist sich gewiß, daß sie damals in Hiroshima – als Yumiko Ueida – im Feuersturm geflüchtet ist, ohne sich um ihren verzweifelt um Hilfe schreienden Bruder kümmern zu können.

Wenn dies zutrifft, haben die beiden auch in diesem Leben wieder einen gemeinsamen Weg zu gehen. Reinkarnationsforscher glauben ohnehin, daß sich nahestehende Personen schon in einem früheren Leben vertraut waren. Dies scheint sogar der »Normalfall« zu sein, denn sehr viele Berichte enthalten Hinweise auf persönliche Kontakte, die sich über *mehrere* Inkarnationen hinweg erhalten haben. Oft soll sich hierbei auch das Rollenspiel ändern: Wie im oben erwähnten Fall, wo aus dem Bruder in der einen Existenz der Sohn in der nachfolgenden wird. Vielleicht sollten wir dies als Hinweis annehmen, auch schwierigen oder ausweglosen Situationen im täglichen Miteinander mit mehr Geduld, Aufmerksamkeit, Liebe und Zuwendung zu begegnen.

Es sieht ganz danach aus, als ob es sehr oft tragische, mit Unglück und Verderben behaftete Umstände sind, an die sich Personen im Zusammenhang an frühere Existenzen erinnern – als ob sich die Ereignisse in die Seelen dieser Menschen regelrecht »eingebrannt« hätten.

Die Münchner Parapsychologin Patricia Bahrani berichtet von einer heute etwa dreißigjährigen Frau, die unter einer unerklärlichen, ja geradezu panischen Angst davor litt – unter die Dusche zu gehen! Die junge Frau begann an sich zu zweifeln, hielt sich schon beinahe für verrückt. Nach einer Hypnosetherapie stieß man auf des Rätsels Lösung: In ihrem vorhergehenden Leben soll die Frau als jüdisches Mädchen von den Nazis in ein Konzentrationslager verschleppt und dann in der Gaskammer umgebracht worden sein!

Die klarsten Erinnerungen an eine vorangegangene Existenz haben zweifellos Kinder. Vielleicht aus dem Grund, da ihre »Erinnerungen« an das frühere Leben noch »frisch« und nicht von den Erfahrungen des neuen Daseins verdrängt sind.

Nach Beendigung ihres Wehrdienstes in der israelischen Armee machten zwei Freunde einen Ausflug, in dessen Verlauf einer der beiden auf tragische Weise ums Leben kam. Der Überlebende war etwa zwei Jahre später zu Gast bei einer Familie mit mehreren Kindern. Das zweijährige Söhnchen, jüngster Sproß der Familie, verlangte in auffallender Weise danach, immer in seiner Nähe sein zu dürfen.

Als der Kleine wenig später zu sprechen begann, erklärte er in seiner kindlichen Ausdrucksweise, der tödlich verunglückte Freund des damaligen Besuchers zu sein. Dieser erschien, nachdem ihm die Beteuerungen des Jungen zu Ohren gekommen waren, erneut bei der Familie. Hierbei erzählte ihm der Kleine Einzelheiten des damaligen Verkehrsunfalles, die außer dem Überlebenden niemand wissen konnte. Darunter waren Details, die der mit dem Leben davongekommene Mann seinerzeit der Polizei verschwiegen hatte, um sich nicht selbst zu belasten ...

Eine Hausfrau aus der saarländischen Kreisstadt Merzig ging vor wenigen Jahren mit ihrer kleinen Tochter in der Nähe des dortigen Friedhofes spazieren. Plötzlich und wie aus heiterem Himmel, ohne Zusammenhang zu der eben noch geführten Unterhaltung, sagte das Mädchen: »Da drin liege ich begraben in einem weißen Sarg.«

Ihre Mutter war fassungslos. Denn tatsächlich lag in einem der Gräber auf dem Friedhof ein kleines Mädchen. Es handelte sich um ihre Tochter aus erster Ehe, die im Alter von zwei Jahren gestorben war. Aber die spontane Erzählung des kleinen Mädchens, das höchst lebendig an ihrer Seite lief und eigentlich gar nichts von seiner toten Halbschwester wissen konnte, wurde noch unheimlicher: »Ich habe einen Brummkreisel mit im Sarg und meine blonde Puppe.«

Auch diese Bemerkung stimmte genau! Die verstorbene Tochter war damals mit ihren liebsten Spielsachen begraben worden. Aber mit ihrer jetzt lebenden Tochter hatten die Eltern nie über das Thema gesprochen.

War es ein »zweiter Anlauf«, eine neue Chance für das kleine Mädchen, das beim ersten Mal nicht die Möglichkeit bekommen hatte, seinen irdischen Weg zu Ende zu gehen?

Die amerikanische Lebensberaterin Chris Griscom schrieb einmal: »Die Anwesenheit der Seele ist bei Kindern stark spürbar. Dabei sind Babys ganz besondere Wesen. Es hat den Anschein, als ob ihre Augen noch immer jene Dimension erblicken, aus der wir alle einmal gekommen sind.«

Bei kleinen Kindern stehen wir oft vor dem Phänomen, daß diese mit unsichtbaren Spielkameraden oder Freunden sprechen. Kaum ein Erwachsener nimmt sie ernst, hält alles nur für frühkindliche Phantasien. Wer vermag jedoch zu sagen, ob kleine Kinder nicht vielleicht doch mit Bewußtseinsebenen verbunden sind, deren Zugang wir längst verloren haben?

Blicken wir in die Augen der Kinder. Vielleicht sind es ja tatsächlich alte, wiedergeborene weise Seelen, die das Los auf sich genommen haben, mit uns diese unverbesserliche Welt zu teilen. Womöglich auch Freunde oder Widersacher aus einer lange vergangenen, jedoch nicht vergessenen und schon gar nicht bewältigten Affäre, die mit uns noch eine kleine Rechnung offen haben ...

Erinnerungen an das Weltall?

In der Einleitung zu diesem Buch bin ich kurz auf ein möglicherweise auch in der Reinkarnationsthematik existierendes, »außerirdisches Moment« eingegangen. An dieser Stelle möchte ich diesbezügliche Überlegungen noch etwas vertiefen.

Im Jahre 1988 klagte *X. Y.,* der als Geschäftsführer für eine Elektronikfirma in Heidelberg tätig war, über ständige Sinnestäuschungen und Zustände von Verwirrung und Orientierungslosigkeit. Er fürchtete akut um seine berufliche Leistungsfähigkeit.

Hierzu muß einleitend bemerkt werden, daß *X. Y.* aus dem alltäglichen Rahmen fallenden Dingen, wie etwa übersinnlichen Phänomenen, UFOs oder auch dem Gedanken an Wiedergeburt, zunächst sehr ablehnend gegenüberstand. Auf Anraten einiger Spezialisten willigte er jedoch in eine Rückführungstherapie ein.

Es dauerte in der Tat einige Zeit, bis er bereit war, auch für sein Weltbild ausgefallenere Ideen zu akzeptieren. Als er diese Hemmschwelle endlich durchbrechen konnte, verspürte er Atemnot, und sein Magenbereich erschien ihm glühend heiß. Eine ungeheure

Energie schien sich in ihm freizusetzen. Nachdem er diesen anfänglichen Schrecken überwunden hatte, tauchten vor seinem geistigen Auge plötzlich ungewohnte Bilder auf. Er begann mit deutlich veränderter Stimme zu sprechen und schilderte dann seine Erinnerungen:

»Ich sehe mich selbst in einer Art ›Taucheranzug‹, ohne Gesicht … nein, es scheint ein Raumanzug zu sein. Allein bin ich nicht. Wir befinden uns auf der Erde, aber unter Wasser, und wir schwimmen zu einem unterseeischen Höhleneingang. Jetzt wird es dunkel, dann wieder hell. Wir befinden uns nun in einer großen Höhle, in der technische Geräte zu erkennen sind. Wir haben hier eine Station. Über den Inhalt unserer Mission zu sprechen, ist mir strikt untersagt. Es kann nicht lange her sein, höchstens ein paar Jahrzehnte.

Ich sehe mich jetzt selbst, ich habe mich wegen eines defekten Atemfilters infiziert und muß sterben. Es ist ganz dunkel um mich herum. Jetzt erkenne ich mich in Gestalt eines kleinen Kindes wieder. Ja, ich bin hier wiedergeboren worden. Die Höhle existiert schon sehr lange, und wir benutzen sie seit einigen tausend Jahren. Sie liegt sehr versteckt und ist vom Land her kaum zu erreichen. Das Verbot, über die genaue Lage dieser Höhle zu sprechen, ist so tief in mir eingebrannt, daß es noch immer wirkt …«

Nach dieser Regressionstherapie verschwanden seine Verwirrungszustände, und X. Y. wurde sehr nachdenklich. An derartige, in die Welt des Unbekannten reichende Erfahrungen hatte er zuvor wirklich nicht gedacht!

Die Reinkarnationsforschung hat tatsächlich einige Berichte ans Licht des Tages gebracht, die sich mit außerirdischen Einflüssen beschäftigen und nicht selten höchst abenteuerlich anmuten. Doch der Gedanke, daß wir nicht »die Einzigen« sind, gewinnt immer mehr an Glaubwürdigkeit. Der folgende Auszug einer außergewöhnlich klaren Schilderung scheint zeitlich sehr weit zurück in die Geschichte unseres Planeten zu reichen.

Außerirdische Experimente

»Der Patient sieht sich zuerst auf einer modernen und technisch-sterilen Raumbasis auf einem Planeten des Sirius-Systems. Ein bemanntes Forschungsraumschiff wird klargemacht, das die Erde ansteuern soll ... An Bord befinden sich vier Besatzungsmitglieder, drei Männer und eine Frau. Es handelt sich um eine jener zahlreichen Expeditionen, deren Aufgabe es ist, die Erde zu zivilisieren.

Die Teilnehmer dieser Expedition wissen genau, daß sie ihr heimatliches Sternsystem niemals wiedersehen werden. Sie haben posthypnotische Befehle erhalten, auf der Erde ihren Auftrag exakt zu erfüllen. Dazu gehört auch, sich mit den einheimischen Rassen zu vermischen. Ihre technische Aufgabe ist es, im Südatlantik, etwa an der Küste des heutigen Südamerika, unterirdische Explosionen und somit Erdbeben auszulösen.

Ohne Probleme erreichen sie die Erde und errichten, wie geplant, eine Basisstation. Von diesem Stützpunkt aus beginnen sie mit den Experimenten zur Klimaveränderung, und es gelingt ihnen, Erdbeben auszulösen ...

Eine solche Rückerinnerung wird erst möglich, wenn die Testperson einen Todesschock erlitten hat, der derart tiefe Spuren in ihren Bewußtseinsstrukturen hinterlassen hat, daß diese Person sich bis heute daran erinnern kann. Einige hundert Jahre nach der Ankunft auf der Erde bahnt sich eine Katastrophe an. Ziel der künstlich ausgelösten Erdbeben und Klimaveränderungen ist es, das Zeitalter der Saurier vorzeitig zu beenden, das sonst vielleicht noch heute andauern würde. Eines der Erdbeben zerstört auch die eigene Basisstation, wobei zwei Männer ums Leben kommen ...«

Ich weiß nicht, ob die Protagonisten dieser Regressionstherapie zuviel Däniken oder Hausdorf gelesen haben. Aber Spaß beiseite: Die relative Häufigkeit solcher Erinnerungen an ein außerirdisches Dasein ist ein Faktum, das uns zu denken geben sollte! In meinem Buch »Wenn Götter Gott spielen« berichte ich über zahlreiche Indizien für das Wirken außerirdischer Intelligenzen bereits in der Erdgeschichte, die auf ein gigantisches Experiment hindeuten, das hier seit Millionen von Jahren abläuft.

Mit Sicherheit tut sich da noch ein interessantes Forschungsgebiet auf. Für die Betrachtungen in diesem Buch aber kehren wir jetzt erst einmal wieder zur Erde zurück.

4

Gibt es einen Gott Ghadi?

Zwiegespräch mit einer weisen Seele

Während der Arbeit an diesem Buch habe ich mir viele Fälle mutmaßlicher Wiederverkörperungen vorgenommen, mit ungezählten Menschen diskutiert – und dabei erst einmal einige Skepsis aufgebaut. Manche solcher »Wiedergeborenen« halten sich sogar für die größten und interessantesten Menschen, die die Weltgeschichte je hervorgebracht hat. Ich kann mir einfach nicht vorstellen, daß in einem Jahrzehnt drei Maria Stuarts, zwei- bis dreimal Pontius Pilatus, vier Napoleons und eine mittlere Kompanie Albert Einsteins herumlaufen sollen. Es mag ja gerade noch angehen, daß beispielsweise Napoleon eine gespaltene Persönlichkeit war, aber sollten deshalb gleich mehrere Bonapartes reinkarnieren?

Ein guter Freund von mir, der bekannte Fernsehmoderator und Buchautor Rainer Holbe, hat hier einen unglaublich passenden Vergleich entwickelt, den er mir im Verlauf langer abendlicher Gespräche an den Ufern des bretonischen Flüßchens Vilaine näherbrachte.

»Die Seele des Menschen – oder anders ausgedrückt, seinen Persönlichkeitskern – kann man mit einem randvollen Glas Wasser vergleichen. Stirbt nun der Mensch, so ist es, als ob dieses Glas

Wasser in den Ozean entleert wird. Eine neue Existenz schöpft ihre Persönlichkeit aus diesem Ozean und wird damit einen Teil des Persönlichkeitskernes des Verstorbenen in sich bergen.«

Wie auch immer: Die Seele wird wohl nur eine Ausrichtung besitzen, wie immer es in ihr aussehen mag. Zuweilen machen aufgeschnappte, gelesene oder gehörte Charaktereigenschaften der Großen der Weltgeschichte die Runde, und einige Epigonen würden sie dann zu gerne für sich beanspruchen. Zumal sehr viele »Wiedergeburten« von Erwachsenen behauptet werden. Immerhin war ich im weiteren Verlauf meiner Recherchen doch einigermaßen erleichtert, auf eine ganze Menge »normaler« Vor-Leben – wenn man das so nennen darf – zu stoßen. Und dies stellt zu den eingangs genannten Einwänden letztlich doch ein glaubwürdiges Gegengewicht dar.

Kinder hingegen erzählen schon ganz anders. Aber auch hier muß man sehr vorsichtig sein und abwägen, was eine derartige Aussage bedeuten kann und wie leicht auch hier eine Täuschung möglich ist, selbst wenn der Fall von Fachleuten untersucht wurde. Denn oft stellt sich erst viel später heraus, daß es sich nicht um eine Wiedergeburt, sondern um eine starke Willenskraft in bezug auf unverarbeitete Probleme handelt. Eine Willenskraft, die keineswegs erforscht ist. Aber genügt dies als Erklärung für einen dramatischen Fall, der Ende des neunzehnten Jahrhunderts weltweites Aufsehen erregt hat?

Rückkehr der toten Tochter?

Auch wenn die Psychologen immer wieder auf kindliches Denken und Handeln bei Kindern und Heranwachsenden hinweisen, so ist doch unbestreitbar, daß es sich oft um bereits ausgeprägte Persönlichkeiten handelt, um junge Menschen, die unversehens in Konflikte vielfältiger Art geraten können. Heute ist es für viele Betroffene wesentlich einfacher, bei gravierenden Problemen mit ihren Eltern von zu Hause auszureißen. 1887 war das jedoch anders.

In der Kleinstadt Watseka im amerikanischen Bundesstaat Illinois lebte das Mädchen Lurancy Vennum. Die Erziehung des Kindes lag bei der Mutter, der Vater kümmerte sich kaum darum – und wenn, dann kam es zwischen den beiden stets zum Streit. Lurancy zog sich dabei immer mehr zurück. Mit der Zeit bekam sie das Gefühl, sie sei eine gewisse Mary Roff, und bat immer heftiger und öfter darum, bei ihren »richtigen« Eltern leben zu dürfen. Das Bedürfnis danach wurde allmählich so stark, daß die ratlosen Eltern Kontakt zur Familie Roff, die ebenfalls in Watseka lebte, aufnahm. Während ihres Aufenthalts bei der Familie Roff demonstrierte Lurancy Kenntnisse, die die verstorbene Mary Roff zu Lebzeiten gehabt hatte: Sie erkannte beispielsweise Marys Freundinnen und ein Kleid, das Mary zu verschiedenen Gelegenheiten getragen hatte. Sie erinnerte sich in Einzelheiten an eine Reise der ganzen Familie nach Texas und vieles andere mehr.

Die Familie Roff war natürlich sehr berührt von den Berichten des dreizehnjährigen Mädchens, in dem sich deren verstorbene Tochter zu manifestieren schien. Um jeden Zweifel auszuschalten, vertraute man sich der Hilfe eines Arztes an. Durch die damals sehr in Mode gekommene Hypnose versuchte man, der Sache auf den Grund zu gehen. Mr. Roff war bei der Hypnosesitzung anwesend, und so hatte ihn die »neue« Persönlichkeit des Mädchens als »ihren« Vater begrüßen und ihn bitten können, sie mit »nach Hause« zu nehmen. Mary/Lurancy zog also bei der Familie Roff ein und lebte dort für einige Zeit. Die Medien berichteten seinerzeit über diese »sagenhafte Reinkarnation«, und der Name Lurancy Vennum war bald auch in Europa bekannt.

Erwartungsgemäß wurden in den damaligen Berichten über diesen

Fall die sensationellen Aspekte ganz besonders in den Vordergrund gerückt. So hieß es, Lurancy hätte von den Ereignissen, die sich in der Familie Roff zugetragen hatten, unter keinen Umständen etwas wissen können. Später stellte sich heraus, daß beide Familien sich kannten – wenn auch nur oberflächlich. Der dramatische Aspekt der Geschichte beruht auf der Tatsache, daß Mary Roff schon Jahre vorher gestorben war und daß man daher glaubte, ihr Geist agiere durch Lurancy Vennum. Ein »normaler« Reinkarnationsfall kann es jedoch nicht gewesen sein, denn Lurancy hatte beim Tode Mary Roffs bereits gelebt: Zu diesem Zeitpunkt war sie etwa ein Jahr alt.

Lurancys Kontakt zu ihren leiblichen Eltern blieb während ihrer »neuen Identität« bestehen – plötzlich interessierte der Vater sich wieder für seine Tochter. Nach drei Monaten kehrte Lurancy Vennum wieder zu ihrer ursprünglichen Persönlichkeit zurück. Die Konfliktsituation in ihrer Familie war abgeebbt. Sie ging wieder nach Hause und hatte in der Folgezeit ein unproblematischeres Verhältnis zu ihrem leiblichen Vater. Leider wird sich nie mit letzter Sicherheit feststellen lassen, welche Informationen das Kind auf normalem Weg durch Mithören von Gesprächen in der Nachbarschaft aufnehmen konnte und welche sich ihr auf paranormalem Weg mitteilten. Allerdings lassen sich so exakte Kenntnisse von Erlebnissen und Begebenheiten, wie jene aus dem Leben der verstorbenen Mary Roff, nicht einfach nur erzählen.

Sind wir in der Lage, bei großen Schwierigkeiten durch die Hilfe unseres Gehirns oder des Unterbewußtseins irgend etwas anzuzapfen, zu dem unser normales Bewußtsein keinen Zugang hat? Oder ist es möglich, daß eine Seele uns aus einer anderen Dimension zu beeinflussen vermag?

Und was den Umstand betrifft, daß Lurancy zum Zeitpunkt des Todes der Mary Roff bereits gelebt hat: Wir kennen sehr seltene Fälle von sogenannter *Austauschreinkarnation.* Doch darauf werde ich in einem späteren Kapitel noch näher eingehen.

Die unheimliche Verwandlung

Der New Yorker Journalist Jess Stearn – er schrieb unter anderem das Buch »Der schlafende Prophet«, das sich mit dem Leben des amerikanischen Geistheilers Edgar Cayce befaßt – verfolgte mit großem Interesse Berichte über Rückführungen in frühere Leben unter Hypnose. Seinen Recherchen ist es zu verdanken, daß ein besonders aufsehenerregender Fall aus Kanada bekannt wurde.

Zusammen mit dem bekannten amerikanischen Hypnotiseur Joseph Lampl, dem Begründer der Akademie für angewandte Geisteswissenschaften in New York, machte er sich auf den Weg zu der damals siebzehnjährigen Joanne McIver nach Orillia in der kanadischen Provinz Ontario. Das Mädchen wollte angeblich früher schon einmal gelebt haben, und Joseph Lampl sollte dies unter Hypnose nachprüfen.

Unter Hypnose sah sich Joanne McIver in das Leben der Susan Garnier-Marrow zurückversetzt. In diesem früheren Leben wurde sie 1832 als Tochter eines Farmers geboren. Die hypnotisierte Joanne berichtete von ihrer Heirat mit dem Farmer Thomas Marrow, der jedoch bei einem tragischen Unfall auf der Farm recht früh verstarb. Als junge Witwe mußte sie danach ein ärmliches Dasein in einer einsamen Hütte fristen. Auch an die Namen verschiedener Nachbarn konnte Joanne sich erinnern.

Sowohl Jess Stearn als auch Joseph Lampl waren von den realistischen Schilderungen aus dem Leben der Susan Garnier-Marrow tief beeindruckt. Während einer der Hypnosesitzungen ging plötzlich Unheimliches vor sich: Joannes ganzes Aussehen veränderte sich auf dramatische Weise. Ihre Augen standen in diesem Moment ungewöhnlich schräg im Gesicht, das darüber hinaus sonderbar hager wirkte. Es schien, als gehöre zu dieser anderen Psyche nun auch ein anderer Körper.

Selbst die Stimme, die Sprachmelodie, bekam einen anderen Klang, der eindeutig auf franko-kanadische Herkunft deutete. Vieles von dem, was Susan/Joanne wiedergab, konnte auf seine Richtigkeit hin überprüft werden. So nannte sie die genauen Preise aller nur denkbaren Lebensmittel und Konsumgüter, wie sie vor hundert Jahren gehandelt wurden. Als Todesjahr der Witwe Susan Garnier-Marrow gab sie 1903 an.

Auch an die Beerdigung und den Ort ihrer letzten Ruhe konnte sie sich genau erinnern. Er sollte hinter einer Kirche sein, doch befindet sich heute an dieser Stelle ein Truppenübungsgelände. Die Angaben stimmten exakt! Der von ihr beschriebene Ort war noch vor dem Zweiten Weltkrieg, bevor sie als Joanne McIver geboren wurde, als Panzerübungsplatz an die Armee übergeben worden. Mit einer Sondergenehmigung erhielten Dr. Lampl, Jess Stearn und Joanne McIver die Erlaubnis, das für die Öffentlichkeit gesperrte Gelände zu betreten. Ein Major leitete die Führung und wollte die drei Zivilisten zu den auf der Karte verzeichneten Resten einer alten Ortschaft bringen. Plötzlich schlug Joanne jedoch einen völlig anderen Weg ein. Beinahe wäre es darüber zum Streit zwischen dem Major und dem Mädchen gekommen, und die Führung hätte ein vorzeitiges Ende gefunden. Doch dann, unter von Panzern aufgewühltem Erdreich, fanden sie tatsächlich Teile alter Grabsteine. Die üblicherweise sehr genauen Karten der Armee stimmten hier nicht!

Hypnose ist nicht immer notwendig, wenn Erinnerungen an frühere Leben in der jetzigen Existenz auftauchen. Oft können sie durch andere Anstöße wiedererweckt werden. Gerade Kinder erinnern sich an Erlebnisse und verblüffende Einzelheiten, die nicht selten sehr weit zurückreichen. An dieser Stelle konnte ich noch nicht ahnen, *wie weit* zurück sich Kinder zu erinnern vermögen – oder wie alt Seelen vielleicht werden können.

Auf den Spuren einer vergessenen Sensation

Beim Blättern in uralten Zeitungen stieß ich auf den Namen Charlotte Goltz. Anfang dieses Jahrhunderts wurde die Tochter des Münchner Kunsthändlers Hans Goltz als Wunderkind und unheimliche Sensation durch die Gazetten gereicht. Im Alter von elf Jahren soll sie ihren Vater wie aus heiterem Himmel gefragt haben, ob es einen Gott »Ghadi« gebe. Dazu benutzte sie eine eigene Sprache, Tanzriten und zeigte so profunde Kenntnisse über ein unbekanntes Religionssystem, daß kindliche Phantasie als Erklärung nicht mehr ausreichen konnte. Dies um so mehr, als ein Kulturhistoriker später herausfand, daß vor Jahrtausenden, in vorsemitischer Zeit, tatsächlich ein Gott *Ghadi* in Mesopotamien verehrt wurde.

Das Mädchen wurde später Bildhauerin, und in ihren Arbeiten stellte sie ausschließlich negroide Menschen dar, nie aber Europäer. Ein Fall, bei dem Zweifler ratlos werden können? Mich faszinierte in den Berichten das Wort *vorsemitisch,* sowie der tatsächlich existierende Gott *Ghadi.* Wenn es sich hier um eine wirkliche Reinkarnation handeln sollte, dann muß unsere Seele wahrhaft frei von jeglichem Raum- und Zeitbegriff sein. Darüber wollte ich mehr wissen!

Menschen, die einmal in ihrem Leben in München gelebt haben oder gar dort geboren sind, teilen eine gemeinsame Eigenschaft: Sie bleiben meist für immer dort. Diese seltsame Erfahrung habe ich schon des öfteren gemacht, und auch dieses Mal sollte ich recht behalten. Es dauerte nicht lange, und ich hatte mit meinen Recherchen Glück. Ja, in München lebt tatsächlich eine Bildhauerin namens Charlotte Goltz, lautete die Auskunft. Wie alt mochte sie wohl schon sein? Ich rechnete zurück, denn jene Berichte, die ich gelesen hatte, stammten aus dem Jahre 1924. Und stimmten die Angaben wirklich?

Ausgeprägte Neigungen zum Sensationsjournalismus hatte es bekanntlich zu allen Zeiten gegeben, und mit gemischten Gefühlen wählte ich die erhaltene Telefonnummer. Am anderen Ende meldete sich eine Stimme: »Goltz ...« Aber diese Stimme hatte einen ungewohnten Akzent, keinen aus Deutschland stammenden. Daraufhin nannte ich den Grund meines Anrufes, wurde jedoch gleich unterbrochen: »Ach, Sie meinen sicher meine Mutter. Moment bitte.«

Sie meldete sich kurz darauf mit fester Stimme. Ja, sie sei tatsächlich die Person, deren Geschichte ich aus der Vergessenheit hervorgekramt hatte. Auch zu einem Gespräch war sie bereit, nur sollte dieses bei ihr stattfinden: »Wissen Sie, mit einundachtzig Jahren arbeitet der Kopf noch wunderbar, doch das Gestell macht nicht mehr so mit ...«

Eine kleine Siedlung im Münchner Osten, das Reihenhaus eher einfach. Ich klingelte, und es öffnete eine Frau, die sich als die Tochter vorstellte – sie war farbig. Charlotte Goltz hatte es sich inzwischen auf einem Sofa bequem gemacht. Gedanken der unterschiedlichsten Art gingen mir durch den Kopf. Saß ich hier vor einem Menschen, dessen Seele schon viele Jahrtausende alt sein soll? Der Nachmittag wurde jedenfalls sehr aufregend, und ab hier sprechen die Worte der alten Dame eine eigene Sprache. Ich lasse sie selbst zu Wort kommen, denn von Phantastereien oder unglaubwürdigen Geschichten ist die hellwache Frau meilenweit entfernt.

»Ich war schon mit drei Jahren tief melancholisch. Der Bezug zu den anderen Kindern fiel mir schwer. Ich sollte das mit ihnen spielen, was sie gerade spielten. Das war mir aber sehr befremdlich. Irgendwie hatten die andere Neigungen – sie lachten immer, wenn der Kasperl dem Krokodil mit dem Stock eines draufgab. Und sie brüllten, wenn eine Biene kam. Ich dachte, das ist doch ein liebes Tier! Eines weiß ich aus dieser Zeit noch genau: Mit etwa dreieinhalb Jahren saß ich an einem Tisch, und mir kam spontan der Gedanke, ›Woher komme ich, was bin ich, wohin gehe ich?‹

Das war eine entsetzliche Last für mich. Ich hatte noch keinen Gedanken zur Verfügung. Und ich hatte auch noch keine rechten Worte für solche Gedanken. Ich habe nur Jahre später bei dem Bild von Gauguin ›Woher komme ich, was bin ich, wohin gehe ich?‹ gesagt: ›Ja, das war's!‹

Als ich so fünf oder sechs Jahre alt war, da hatte ich die Expressionisten kennengelernt. Damals hatte man ja die Götter wieder neu entdeckt, also ist man eigentlich wieder auf das sogenannte Heidentum zurückgekommen. Aber nicht so fürchterlich tierisch ernst, mit irgendwelchen Überzeugungen – es ist einfach passiert, daß man die alten Götter wiederentdeckt hat und die alten Riten. Davon war ich natürlich auch etwas beeinflußt. Kokoschka war damals aus Afrika zurückgekommen. Auch ich war sehr beeindruckt, denn ich hatte zusammen mit meinem Vater einen Neger in Ascona gesehen. Ich war sehr viel mit meinem Vater unterwegs, und wir trafen wegen seines Berufes viele Künstler. Da ging also ein Neger, und ich war plötzlich tief ergriffen von diesem *Nicht-Bewußt-sein*. Damals – ich war gerade einmal fünf Jahre alt – hatte ich das Gefühl, daß dieser Mensch sich nur der Dinge bewußt ist, die er erlebt, jedoch nicht seiner selbst bewußt ist. Aus Papier faltete ich dann einen Neger, den ich auf meinen Nachttisch stellte. Der hat mich dann behütet. Ich dachte, er sei ganz lieb. Der denkt nur an die Dinge, die er erlebt, die ihm bewußt werden, aber nicht an sich selber. So ging die ganze exotische Geschichte los.

Dann gab es in München eine riesige Völkerschau aus dem Sudan. Das war 1924 oder 1925. Es wurden richtige Hütten aufgebaut. Zu meiner größten Freude waren sogar Kamele da. Wir haben richtig getrommelt und gelebt. Die Eingeborenen verrichteten ihr Handwerk in den Hütten – und sind unmittelbar auf mich zugegangen. Einer von denen war sogar noch Menschenfresser gewesen, und er erzählte mir mit trauriger Miene, daß dies jetzt leider verboten sei. Dabei lachte er mich an und zeigte mir seine spitz zugefeilten Zähne. Er erklärte: ›Aber wir haben ja nicht die Menschen getötet, um sie zu fressen. Wenn ein Häuptling starb, dann dachten wir, warum sollen das alles jetzt die Würmer fressen? Wenn wir sein Herz essen, um den Mut zu haben, so wie er, das ist doch gut!‹ Mit ihnen sprach ich gebrochen französisch, der Sudan war damals noch französische Kolonie.

Zu dieser Zeit gab es Gott Ghadi für mich noch nicht direkt. Aber es wurde mehr in mir geweckt. Die Eingeborenen erzählten mir von ihren Göttern. Der Häuptling wurde krank, wollte sich aber von keinem Arzt behandeln lassen. Ich brachte ihm Braten, Salat und – Aspirin. Die Frauen waren um mich herum und sagten, ich solle unbedingt eine Maske schnitzen. Der sollte ich dann, wenn sie wieder in der Heimat sind, weiterhin Aspirin geben. Dies versprach ich ihnen auch.«

Eine Zeitgenossin Gilgameschs?

Der Nordosten Afrikas, also Ägypten und der Sudan, und auch das Zweistromland (Mesopotamien) werden von den Anthropologen schon immer als eine Wiege der menschlichen Kultur bezeichnet. Hier finden sich die ältesten Spuren menschlicher Siedlungen. Auch die ältesten überlieferten Glaubens- und Gottesbilder kommen aus dieser Region.

Zu den größten Aufzeichnungen in Keilschrift zählt das Epos vom Nationalhelden Gilgamesch. Dieser frühgeschichtliche sumerische König von Uruk hatte nach den nur in Bruchstücken erhaltenen Texten vielerlei läuternde Abenteuer zu bestehen, als er sich auf die Suche nach dem verjüngenden Wunderkraut des ewigen Lebens begab. Dieses fand er auf dem Meeresgrund, es ging aber durch den Raub einer Schlange wieder verloren. Auf seinen Irrfahrten gelangte der königliche Held bis an das Ende der Welt, zu seinem unsterblich gewordenen Ahnen Utnapischtim, der ihm aber das Geheimnis des Lebens auch nicht deuten konnte. Schließlich gaben ihm die Götter den Hinweis: »Gilgamesch, wohin schweifst Du? Das Leben, das Du suchst, wirst Du nicht finden. Als die Götter den Menschen schufen, haben sie für diesen den Tod bestimmt, doch das Leben haben sie in ihrer Hand behalten.«

Sollte sich aus dieser Zeit eine Persönlichkeit in unseren Tagen reinkarniert haben? Charlotte Goltz berichtete mir noch mehr über ihren Glauben:

»In jener Zeit stellte ich mir viele Fragen über die christliche Religion, die mich ja auch direkt berührte. Ich habe mir dann selbst ein Götterbildnis gemacht, denn in den Kirchen habe ich mich immer etwas gegraust. Es war für mich wie ein Gruselkabinett, dieser arme Gott da am Kreuz, es wimmelt geradezu von Märtyrern. Ich hatte eigentlich das Gefühl, daß diese ganze Welt von Göttern und Dämonen doch Humor besitzt, eben auch eine lachende Seite.

Daraufhin schnitzte ich diesen Gott *Ghadi*. Seine Maske war bunt, lachte, hatte einen offenen Mund, und ich schmückte ihn mit

Pfauenfedern. Diesem Gott gab ich all die Geschenke, die ich von den Negern aus dem Sudan bekommen hatte. Darunter auch einen ›Geisterbaum‹, der Ahnenfiguren darstellt. Ich baute alles um Gott *Ghadi* herum auf, einem Altar gleich. Im Laufe der Zeit erwies sich Gott *Ghadi* als sehr wundertätig. Für meinen eigenen Gott, die nächste Bezugsperson, brauchte ich dann auch eine eigene Sprache, das habe ich ja eingesehen.«

Der eigene Götterhimmel

Wie sich später herausstellte, gab es diesen Gott schon in sehr früher Zeit. Es war die Zeit des Hammurabi, und auch Noah tauchte hier wieder auf. Ein Kulturhistoriker hatte recherchiert und war in dieser Zeit fündig geworden!

»Auch die Sprache, die ich dann ›entwickelte‹, besaß viele Laute jener damaligen Sprache. Sogar die Köchin, die bei uns im Haus angestellt war, verstand mich. Sie war an sich ein Medium, und wir hatten ab und zu auch ›spiritistische Sitzungen‹ abgehalten. Sie konnte dann sogar mit mir sprechen. Das meiste habe ich im Laufe der Jahre allerdings wieder vergessen. Ein Missionar erklärte mir damals, das sei noch eine vorsemitische Sprache gewesen. Es waren aber auch ägyptische Worte dabei, also war es ein ziemliches Sprachengemisch. Die Worte kamen mir einfach so; ich dachte mir ›was heißt denn Freude?‹, und ich fand das Wort in meiner Sprache dafür. Mein Dialekt setzte sich aus vielen Elementen zusammen und erinnerte sogar etwas an die Osterinselsprache.

Ich hatte einen eigenen Götterhimmel. Der Schöpfergott hieß *Jamano.* Und *Ghadi,* jener Gott, den ich ›gemacht‹ hatte, war der oberste Gott. Der Name bedeutete eigentlich ›die Freude‹ oder ›das Schöne‹. Daß wir uns freuen, weil die Rose so schön ist. Wir könnten uns auch freuen, daß der Wurm schön ist. Denn wer sagt uns eigentlich, daß der Wurm nicht schön ist? Aber es passiert nun einmal, daß wir uns bei der Rose freuen.

Da gibt es all die unerklärlichen Dinge, wie beispielsweise Liebe auf den ersten Blick. Vielleicht existieren ja Menschen, die schöner, besser oder klüger sind, aber nein, da stimmt die Chemie. Das ist es dann: Die Freude stimmt. *Ghadi* ist die Möglichkeit der Freude, und das bedeutet das Wort auch. *Gijambuwi* hieß Glückseligkeit. ›Harahara tum soli lam‹, das waren noch die letzten Worte, die mir damals einfielen. Ich kann heute leider nicht mehr wiedergeben, was es heißt. Ein Freund aus Indien bemerkte in meiner Sprache auch Sanskritworte. *Tum* beispielsweise heißt *Du*.«

Charlotte Goltz hat in ihrem Leben ungezählte Menschen kennengelernt. Menschen von allen Kontinenten, aus allen Schichten. Mit allen verstand sie sich sofort sehr gut. Als der Gott *Ghadi* in ihrem Leben auftauchte, zog sie sich ein klein wenig von ihrer gewohnten Umwelt zurück. Sie baute sich in ihrem Zimmer im Elternhaus ein Zelt, in dem sie lebte. In ihrer neuen, »alten« Behausung verbrachte sie sehr viel Zeit, widmete sich einer Art »Leben für den Gott«. In unserer westlichen Zivilisation könnte man von einer Klosterschwester sprechen, die ihr ganzes Leben dem Glauben widmet. Das Bild von »Diddy« im Zelt – diesen Spitznamen hat sie sich selbst gegeben – ging damals durch die Presse. Sie hatte ja auch schon angefangen, weitere Plastiken herzustellen. Und wieder waren keinerlei europäische Gesichtszüge zu erkennen.

Albert Schweitzer, der berühmte Urwaldarzt, erfuhr auf Umwegen von dem jungen Wunderkind und schrieb an Charlotte mit der Bitte, ihm doch ein Foto zu schicken. Charlotte antwortete umgehend – aber sie legte statt ihrem das Foto einer Negerstatue bei! Etwas später begann sie auch zu tanzen, einfach nach dem Gefühl, ohne je eine Tanzschule besucht zu haben. In ihren Bewegungen waren keine bei uns bekannten Tänze enthalten. Einfach nur Lebensfreude. Das Mädchen wurde älter, eine junge Frau, und langsam machten sich die Vorboten und Wirren des Zweiten Weltkrieges bemerkbar. Auch daran erinnert sich die geheimnisvolle Dame noch sehr genau.

Indische Tänze und ägyptische Tempel

»Damals hatte ich einen Freund, einen Deutschamerikaner, mit dem ich viel Zeit verbrachte. Der hatte es erlebt, daß ich ›fremdländisch‹ tanzen konnte. Er erzählte es weiter, und ich wurde daraufhin angesprochen. Ich schlang dann so etwas wie ein Bettuch um mich herum und fing an zu tanzen. Es sah wohl irgendwie indisch aus. Ein Mann, ich glaube, er war so etwas wie ein Wissenschaftler, fragte mich dann über Indien aus. Mit einem fürchterlichen Moralgetue. Was ich in diesem Leben verbrochen habe, müsse ich im nächsten Leben büßen. ›So ein Quatsch‹, sagte ich ihm. Ich hatte ja schon selbst Inder kennengelernt, echte Inder, die einem erst nach vertrauten Momenten gewisse Dinge anvertrauen. Die Inder nehmen das nicht so streng, *so* haben die das nicht im Kopf. Altindische Logik lautet etwa so: ›Ihr sagt, was wir jetzt leiden, das haben wir im letzten Leben verbrochen, dann waren wir also im letzten Leben ein schlechter Mensch. Aber nachweislich geht es sehr vielen guten Menschen einfach schlecht, und sehr vielen schlechten Menschen einfach gut. Also ist jetzt der schlechte Mensch als guter Mensch auf die Welt gekommen, und es geht ihm schlecht, weil er im letzten Leben ein schlechter Mensch war? Muß er dann im nächsten Leben wieder als schlechter Mensch auf die Welt kommen, damit es ihm gutgeht? Das ist doch keine Logik! Sie können doch nicht im letzten Leben ein Mörder gewesen sein, und im nächsten Leben kommen Sie als süßes Baby auf die Welt und werden geviertelt. Das geht doch nicht.‹

Krishnamurti (ein indischer Weiser, in dem angeblich Buddha und Jesus Christus reinkarniert sein sollen, d. Verf.) hat sich jede Frage nach der Wiedergeburt verbeten: ›Eure Art, wie Ihr an diese Dinge herangeht, ist vollkommen sinnlos. Ihr wollt es auf eine moralistische, programmierte Ebene stellen. Das Berechnende ist der falsche Weg!‹

Die Hindus haben nicht so streng die Teilung von Gut und Böse im Sinn. Irgendwie finde ich das auch ganz richtig. Mit einem indischen Freund war ich damals viel um die Gegend am Münchner Hauptbahnhof unterwegs. Dort versuchten wir uns mit kleinen Gelegenheitsarbeiten etwas Geld zu verdienen. Es wurde ja schon alles knapper. Wieder kamen Menschen auf mich zu. Damals gab es zwei Esoteriker, die behaupteten, ich sei die Wiedergeburt einer Geliebten des Pharao Ramses II. Sie hätten das erkannt – und zwar auf einem Bild!

Das war schon sehr eigenartig, denn Jahre zuvor war ich in Pompeji. Da gibt es ein Museum, in dem die Abgüsse von den Überresten des Vulkanausbruches untergebracht sind. Für einen Bildhauer eine interessante Atmosphäre. In einem der Ausstellungsräume lag auch eine ägyptische Mumie. Ich war so begeistert von den Figuren, die ich dort zu sehen bekam, daß ich es nicht merkte, als das Museum geschlossen wurde. Dann saß ich da, eingesperrt, und mir wurde ein wenig unheimlich. Nach einigem Umherwandern fand ich endlich einen Platz, an dem meine Angst nicht so groß war: Ich setzte mich zu der Mumie. In deren Nähe hatte ich gar keine Angst, im Gegenteil: Vollkommen friedlich saß ich da. Am nächsten Tag erzählte man mir, es sei eine Geliebte von Pharao Ramses II. gewesen, die schon in jungen Jahren gestorben war. Damals hatte ich mir gar nicht so viele Gedanken darüber gemacht. Es war ja auch keine Zeit dafür.«

Mittlerweile hatte ich im Gespräch mit Charlotte Goltz eine Reise durch viele Zeitalter gemacht und durfte dabei einen großen Teil ihres Lebens kennenlernen. Nicht nur ihr jetziges, auch in vorsemitischer Zeit, dann als Geliebte Ramses II. und zu einem undefinierbaren Zeitpunkt irgendwo in Indien? Welche Zeitspanne mag eigentlich *zwischen* den einzelnen Inkarnationen liegen? Nach Ansicht bedeutender Reinkarnationsforscher besitzen wir hier keine allgemeingültige Regel. Üblich sollen Intervalle zwischen einigen Jahren und mehreren Jahrzehnten, jedoch auch Jahrhunderte sein. Alles scheint möglich.

Menschen, die in jungen Jahren eines unnatürlichen oder gar gewaltsamen Todes gestorben sind, sollen meist zu kürzeren Zwischenzeiten neigen. Bei der weisen Dame, die mir gegenüber saß, mag das alles etwas anders sein. Auffallend ist jedenfalls die Tatsache, daß sich Charlotte Goltz gerade mit Menschen aus jenen Kulturkreisen ein Leben lang stets gut verstanden hat, in denen sie selbst inkarniert zu sein schien. Regelmäßig war eine spontane Affinität zu spüren, etwas, das einfach da ist, nichts mit Liebe zu tun hat und nicht erst durch eine Freundschaft aufgebaut werden muß. Also echte Seelenverwandtschaft? Ihre Tochter ging aus einer Beziehung zu einem Afrikaner hervor, der in der Südsee lebte. Diese Beziehung wurde leider gewaltsam getrennt, denn inzwischen herrschte das NS-Regime in Deutschland. Charlotte Goltz versuchte, eine Wohnung zu bekommen – mit einem farbigen Kind in dieser Zeit. Warum wanderte sie nicht aus, zu ihrem Mann, oder nach Afrika?

»Ich selbst war ja nie in Afrika. Aber es geht mir nach, und ich werde Afrika nie los. Das geht ganz von selbst, kommt immer wieder auf mich zu. Erst mal die Völkerausstellung in München. Später habe ich eine ganze Zeit nur Negerplastiken angefertigt. Im Zweiten Weltkrieg, als wir auf der Straße leben mußten, war es schon sehr schlimm. Ich hatte damals das erste farbige Kind dort. Der Vater ist ein Neger aus Tahiti, und wir haben uns später noch oft geschrieben.

Damals hielten wir öfters spiritistische Sitzungen ab, nahmen das aber nicht so ernst wie Schrenck-Notzing, bei dem die Teetassen durch die Luft flogen. Die Haushälterin, die bereits in meinem Elternhaus für mich da war und auch ein gutes Medium war, hielt mit mir eine Sitzung. Bei dieser Gelegenheit hatte das kleine Glas dann geschrieben (beim *Gläserrücken,* einer populären Art der Geisterbeschwörung, d. Verf.): ›Das All nimmt Dich auf in seine Unendlichkeit, Blume Du welkst an Herzeleid, tu ab das Vorurteil, sei Mensch zu Mensch, in Deine Hand gelegt ist das Geschick – drum geh nach Afrika.‹

Da habe ich dann von mir aus an Albert Schweitzer geschrieben. Dieser reagierte sofort und schickte mir eine Frau aus seinem Umfeld. Wir nannten sie spontan die *Dschungelschwester.* Da kam also diese *Dschungelschwester* bei uns an: Sie war uralt, sah beinhahe aus wie ein Lederapfel, und die kümmerte sich auch darum, daß wir eine Wohnung bekamen. Die Leute hatten uns nämlich immer mit den Worten abgelehnt: ›Nein, Negerkinder kommen uns nicht ins Haus!‹. Mit der Hilfe von Albert Schweitzer klappte es dann viel besser. Es entwickelte sich ein ständiger Kontakt, auch mit seinen Leuten. Wir schrieben uns oft – seine kleine Schrift ließ auf eine große Bescheidenheit schließen. Er war auch so einfach in seiner Art. Über das Leben meinte er einmal zu mir: ›Ich weiß auch nicht, wie alles zusammenhängt – wenn wir es wissen sollten, wären wir nicht so beschränkt auf unsere fünf Sinne.‹ Er glaubte fest an die Ehrfurcht vor dem Leben, wie auch an die Ehrfurcht vor dem Leiden.

Afrika hat mich nie mehr losgelassen. Durch Albert Schweitzer konnte ich noch schönere Sachen machen, denn ich bekam immer Holz aus dem Urwald von ihm. Manchmal war das Holz leicht lila gefärbt. Aber immer waren die Initialen *AS* in die Hölzer, die aus Lambarene kamen, eingeschnitzt.«

Die Lehre vom Nicht-Bewußtsein

Welche Einstellung zum Glauben hat Charlotte Goltz heute? In ihren Augen ist immer selbstverständlich gewesen, was sie gemacht hat. Gott *Ghadi* war plötzlich da, wie aus dem Nichts aufgetaucht. Ich wollte wissen, ob sie denn heute einen anderen Glauben gefunden hätte.

»Nein, nie im Leben. Ich mag die heutigen Religionen, auch die Esoteriker, überhaupt nicht. Dagegen nehmen die japanischen Buddhisten die Religion nicht so tierisch ernst, nicht so, wie es die Leute hier machen. Und dann die sogenannte ›Macht des Unterbewußtseins‹. Das ist ja ein heller Wahnsinn, wird jeder andere Religionsangehörige sagen. Das Unterbewußtsein ist eine Schlangengrube. Das gehört alles wirklich mehr ins Unterbewußtsein – wie der Name schon sagt.

Ein berühmtes Buch aus dem Zen-Buddhismus heißt daher auch ›Die Lehre vom Nicht-Bewußtsein‹. Wenn Sie beispielsweise einen Namen vergessen haben und wollen sich unbedingt erinnern, so fällt er ihnen bestimmt nicht ein. Und erst, wenn das abgehakt ist, und Sie dann völlig absichtslos sind, erst dann passiert es wieder. Es gibt da eine Geschichte von einem alten König, der einen wunderschönen Ring verloren hatte. Er schickte alles aus, um diesen Ring wiederzufinden. Die Umsicht, die Erinnerungsgabe, die Klugheit, auch die Gewißheit und die Zuversicht, alles mögliche schickte er aus und fand den Ring nicht wieder. Zum Schluß, als er beinahe nichts anderes mehr hatte, da sandte er die Absichtslosigkeit aus. Seltsam, aber nur diese war imstande, den Ring des Königs wiederzufinden.

Oder nehmen Sie Buddha. Buddha hat ja immer gegen die ganze Schöpfung gewettert. Er war kein Schönheitsanbeter in dem Sinne. Trotzdem ist auch bei ihm viel Güte drin. Es sind die Gebete ›Friede den Zweibeinigen, aber auch Friede den Vierbeinigen‹. Da fällt ein Katholik ja um, wenn man ihm sagt, man solle für die Tiere beten. Der echte Buddhismus zeigt sich auch mehr in Gedichten, die auf Umwegen, eigentlich noch mehr über lyrische Momente als über Heilslehren versuchen, Glauben zu vermitteln. Nur ein Beispiel: Herrlich ist der ›Tanz der fünf Nagas‹ (die fünf Schlangen sind die fünf Sinne, d. Verf.), aber das Suchen nach Buddha ist gleich den Blumen.

Das ist natürlich reine Lyrik, aber da kommt man immer noch am ehesten an den echten alten Buddhismus hin, den ich bei diesen Leuten erlebt habe.«

Wo ist Ghadi heute?

»Meine Religion mit Gott *Ghadi* hat noch heute für mich Bedeutung. Noch immer trage ich meinen Anhänger mit dem Urgebet bei mir. ›Ghadi monjonjuba ombjande ubos‹, heißt dieses Gebet. *Monjo* bedeutet viel, *njuba* ist schön, *ombe* bedeutet alle und *ubos* sind die Götter. Es ist auf die Schönheit bezogen. Ob damit die Schöpfung gemeint ist, weiß ich nicht. Buddha sagt ja, die Schöpfung sei entsetzlich. Aber daß ich es als schön empfinde, ist meiner Meinung nach immer noch der Einfluß von Gott *Ghadi*.

Ob es Reinkarnation gibt, man weiß es nicht mit letzter Sicherheit. Ich glaube, die Leute machen dabei immer einen Fehler: Sie beziehen das alles zu sehr auf die eigene Person, das *Ego*. Und daß die

Person mit anderen Eigenschaften wiederkommt. Meiner Meinung nach ist dies falsch. Ein Bewußtsein wacht immer wieder auf, sonst würde ein Teil von uns in einer ewigen Nacht verschwinden. Daß ich ausgerechnet jetzt denke, ›ich bin ich‹, das ist möglicherweise nur ein Zufall. Vielleicht können alte indianische Zauberer mit ihrem Bewußtsein wandern, aber nicht wir. Eine Seelenverwandtschaft mit Afrika? Ich glaube, daß im Grunde genommen alle Menschen alles wissen. Ein Sippengedächtnis, das bei den meisten Leuten einfach verschüttet ist. Oder es wurde mit den Moralvorstellungen unserer Zeit zugepflastert.

Gott Schiwa ist der Gott des Lebens und des Todes, und Kali bedeutet sowohl Liebe als auch Vernichtung. Die Völker Asiens gehen davon aus, daß dieses Doppelspiel sein muß – *Yin und Yang*. Anders als die Esoteriker heute, nahm ich das Ganze viel spielerischer, freudiger, nicht so tierisch ernst. Und es ging auch niemals um Heilslehren, wie man von allen möglichen Leiden geheilt wird oder daß man schon auf Erden die Glückseligkeit erlebt. Wir wären ja schon froh, wenn wir einigermaßen die Sprache des Lebens beherrschten, um gegen die üblichen Fallstricke gewappnet zu sein, ihnen ein Schnippchen zu schlagen. Denn die ›Dämonen‹ sind auch zugänglich für lustige und nette Worte, mit denen man sie beruhigen kann. Schon Goethe sagte bekanntlich: ›Wer die Geister rief, wird sie schwer wieder los.‹ Er sagte jedoch nicht, daß es überhaupt nicht geht.«

Damit endete unser Gespräch. Was mich besonders beeindruckt hat, war – neben diesem immensen Wissen um verschiedene Religionen und deren oft eigenwilliger Interpretation die Wiedergabe uralter, heute nicht mehr gesprochener Sprachen. Und das plötzliche Erwachen des Wissens um einen Gott *Ghadi,* den es vor langer Zeit wirklich gegeben hatte.

Und ich werde das Gefühl nicht mehr los, an jenem Tag in dem kleinen Reihenhaus im Osten Münchens ein Zwiegespräch mit einer uralten, wiedergeborenen weisen Seele gehalten zu haben. Es war, als hätte ich wirklich mit einer Zeitgenossin so legendärer Gestalten wie Ramses II., Pharao des alten Ägypten, oder Gilgamesch, einem Abkömmling der Götter, wer immer diese auch sein mögen, sprechen dürfen.

5

»Der Tod, was immer das auch sein mag, bewirkt, daß sich das Leben ausdehnt.«
Carlos Castaneda

Der Ruf aus dem Inneren

Etwas Bekanntes meldet sich zurück

Erlebnisse in der Kindheit hinterließen bei Charlotte Goltz sicherlich Spuren. Beispielsweise ihre erste Begegnung mit einem Schwarzen in Ascona oder die eindrucksvolle Völkerausstellung in München. Anfang dieses Jahrhunderts war es ja noch etwas Besonderes, Kamele und fremde Kulturen zu sehen oder gar mit ihnen in Berührung zu kommen – was in unserer, vom Tourismus geprägten Gesellschaft vermutlich keinen mehr vom Hocker reißt. Aber der Häuptling aus dem Sudan wird ihr wohl kaum etwas über den Gott *Ghadi* aus dem Zweistromland erzählt und ihr genausowenig die uralte Sprache beigebracht haben, die »Diddy« Goltz scheinbar von selbst entwickelte. Das Wesen des Schöpferischen und seine Quellen im Leben zu verfolgen, ist keine leichte Aufgabe. Wie läßt sich erkennen, ob es sich hierbei um uraltes, wiedergeborenes Wissen handelt, ob die Auslöser in einem Schlüsselerlebnis in der Kindheit liegen, dem man anfangs keine Beachtung geschenkt hat, oder ob es sich um eine hellsichtige Gabe handelt?

Oftmals ist solch eine Aufgabe von vornherein zum Scheitern verurteilt. Entweder fehlt das biographische Material aus der Kindheit, oder es besteht Anlaß zu berechtigtem Zweifel an der Verläßlichkeit der Angaben. Wie eng liegen also Reinkarnation und Trauma beieinander? Eines der letzten großen Abenteuer der Altertumsforschung soll deutlich machen, wie tief sich Erlebnisse in die Seele eines Menschen einprägen, ja gewissermaßen sogar einbrennen können. So stark, daß sie wegweisend für das ganze weitere Leben werden können.

Heinrich Schliemanns unheimliche Begegnung

Im Winter 1822, am 6. Januar, wurde in einem Pfarrhaus der Gemeinde Neu-Buckow in Mecklenburg der Knabe Heinrich Schliemann geboren. Dieser Junge wurde später als Ausgräber sagenhafter archäologische Stätten weltberühmt. Er fand die Schaftgräber von Mykene, und er erkannte als einziger von unzähligen Archäologen, die vor ihm vergebens suchten, die genaue Fundstelle des sagenumwobenen Troja. Mit seiner Arbeitsweise wurde er zum Begründer der modernen Archäologie.

Direkt neben dem Pfarrhaus lag, wie das in kleinen Gemeinden auch heute noch üblich ist, der Friedhof. Wer das Haus betrat oder es verließ, mußte also unweigerlich am Gottesacker vorbei. Heinrichs Vater, der evangelische Pastor Ernst Schliemann, wurde später in eine andere mecklenburgische Pfarrei versetzt, nach Ankershagen. Dort lag der Friedhof gleichfalls vor der Tür. Sollte für Heinrichs spätere Pioniertaten in der Altertumsforschung die Nähe zu den Friedhöfen von Neu-Buckow und Ankershagen genügt haben? An diesen beiden Plätzen verlebte Heinrich Schliemann seine ersten Kindheitsjahre. Von klein auf hatte der Junge ständigen Kontakt mit den Gemeindemitgliedern und sammelte Erfahrungen über Tod und Sterben, Gräber und Grabsteine. Für den heranwachsenden Jungen entstanden so manche unlösbare Rätsel. Das größte Rätsel seiner Kindheit konnte Heinrich Schliemann wohl nie genau ergründen. Erst viele Jahre später, lange nach seinem Tode, kam man der Lösung dieses Geheimnisses ein wenig näher.

Wegen der großen Lebensleistung dieses Mannes suchten viele nach Details, die für seinen Erfolg ausschlaggebend gewesen sein mögen. Erst der deutsche Psychoanalytiker William G. Nederland wurde fündig. Er reiste 1961 nach Athen, um dort die Gennadius-Bibliothek aufzusuchen. Dort lagern etwa sechzigtausend Briefe, achtzehn Tagebücher und Tausende sonstiger Schriftstücke – allesamt von Heinrich Schliemann. Das ganze Material wurde genauso ungeordnet gefunden, wie es Schliemann seinerzeit hinterlassen hatte. Nederland untersuchte jede einzelne Zeile und hatte sogar die Möglichkeit, mit noch lebenden, direkten Nachkommen des großen Altertumsforschers zu sprechen. Dabei stieß er auf eine höchst mysteriöse Angelegenheit.

Ein Kind sieht »sein« Grab

Einen Teil seiner freien Zeit verbrachte der junge Heinrich auf dem Friedhof von Neu-Buckow, der wie erwähnt unmittelbar an sein Elternhaus grenzte. Dort lag ein gewisser – Heinrich Schliemann begraben, der gestorben war, als der hier gemeinte drei Monate alt war. Es war sein älterer Bruder, der im *März* 1822 gestorben war. Auf seinem Grabstein ließen die Eltern die Inschrift einmeißeln: »Wir trauern um den Tod unseres geliebten Sohnes Heinrich Schliemann.«

»Unser« Heinrich Schliemann wurde im *Januar* desselben Jahres geboren. Es konnte nie einwandfrei geklärt werden, weshalb die Eltern beiden Söhnen den gleichen Vornamen gaben. Was bis heute noch ungeklärt ist, muß bei dem überlebenden Heinrich, nachdem dieser Lesen gelernt hatte und beim Besuch der Grabstätte des verstorbenen Bruders seinen eigenen Namen eingemeißelt fand, eine Erschütterung ausgelöst haben.

William G. Nederland will in den Aufzeichnungen Schliemanns nä-

here Hinweise gefunden haben: »Es muß eines der großen und be-
ängstigenden Geheimnisse seiner Jugend gewesen sein. Er war sich
offenbar niemals ganz sicher, ob er der tote Heinrich im Grab oder
der lebende Heinrich außerhalb des Grabes war. Im Alter von
zwanzig Jahren beschrieb er einen kürzlichen Besuch dieser Grabstätte seines Bruders wie folgt: ›... nachdem ich des kleinen Heinrichs Grab besehen, setzten wir unsere Reise nach dem dreitürmi-
gen Wismar fort, wo ich auch einen Brief an Pastor Hager abzuge-
ben hatte ... Sowohl er als auch seine Frau Gemahlin empfingen
ihren alten treuen Schüler mit der größten Herzlichkeit, beide
konnten sich nicht satt sehen, welch großer schlanker Mann aus
dem kleinen Heinrich geworden ...‹«

Spätere Tagebuchaufzeichnungen belegen, daß Schliemann bei
Ausgrabungsarbeiten in aller Welt immer die Formen und Ausma-
ße jedes besuchten Grabes sowie jede einzelne Grabinschrift genau
inspizierte und notierte. Ganz besondere Aufmerksamkeit widmete
er jedoch der Beschaffenheit der Steine und der darin eingemeißel-
ten Namen!

Auch das zweite Pfarrhaus mit dem angrenzenden Friedhof in Ankershagen barg seine Geheimnisse – wiederum in Verbindung zu
Gräbern. Diesmal kamen sogar noch vergrabene Schätze dazu. Der
junge Pastorensohn Heinrich Schliemann unterhielt sich oft mit
dem Totengräber, und dieser erzählte ihm mit Vorliebe die grausige
Geschichte eines Raubritters Henning, dessen linkes Bein nachts
immer aus dem Grab herauswachsen sollte. Frei nach den Legen-
den der Gegend fügte der Totengräber seinen schauerlichen Geschichten auch noch ein Hünengrab, eine Burg und eine sagenhafte goldene Wiege hinzu, in der ein totes Kind liegen sollte. Heinrich Schliemann war unbestritten äußerst beeindruckt von den unheimlichen und phantasievoll ausgeschmückten Geschichten.
Später verliebte er sich in die Tochter des Nachbarn, und gemein-

sam mit ihr machte er sich auf die Suche nach dem Grab des Raubritters, um es zu öffnen und dessen Inhalt – samt der goldenen
Wiege – der Erde zu entreißen. Wo die beiden überall gruben, ist
nicht genau überliefert, nur zwei Details kennt man: Sie fanden
nicht das, wonach sie suchten, aber auf dem Friedhof gaben sie
sich ihr Eheversprechen.

Die Psychologen sehen in diesen frühen, meist unverarbeiteten Erlebnissen eine traumatische Veränderung, die das ganze spätere Leben beeinflußt. Betrachtet man die weiteren Aufzeichnungen Heinrich Schliemanns, so ziehen sich die Erlebnisse von Neu-Buckow
und Ankershagen wie ein roter Faden durch sein gesamtes Leben,
als wäre hier so etwas wie ein kreativer Prozeß in Gang gesetzt
worden.

Leider verfügen die wenigsten Zeitgenossen über so exakt doku-
mentierte Kindheitserlebnisse. Auch die Erinnerungen an eigene,
stark prägende Momente in den ersten Jahren können fehlen,
wenn diese Erlebnisse so intensiv waren, daß die Seele sofort eine
Mauer darum aufbaute. Das Erlebte wurde ins Unterbewußte ge-
schoben, um dort ein Leben lang auf seine Bewältigung zu warten.
Deshalb ist es so schwierig, genau zu beurteilen, wie manche
Verhaltensweisen zustandekommen. Vielleicht eine Herausforde-
rungen für die Zunft der Seelendeuter.

Ich wollte mit diesem Einblick in einen Teil des Lebens von Heinrich Schliemann nur aufzeigen, daß es sich nicht in jedem Fall um
Erfahrungen aus einem vorangegangenen Leben handeln muß,
wenn ein Kind bestimmte Verhaltensmuster entwickelt und mehr
und mehr ausbaut.

Trotzdem gibt es genügend Fälle, die solche Kindheitserlebnisse
nicht aufzeigen, aber bei den Betroffenen zu dramatischen Ände-
rungen in deren Entwicklungen führten. Hier sind es keine Phantasien oder gravierende Erlebnisse, die von außen in die Persönlich-

keitsstruktur hereindrängen. Hier ruft plötzlich und unüberhörbar etwas aus dem Inneren nach diesen Kindern. Es drängt sich der Eindruck auf, als melde sich deren Seele aus uns unbekannten Dimensionen zurück.

Aufregung in Rasulpur: Ein Mörder übt späte Reue

Im Haus der indischen Familie *Tyagi*, die in dem kleinen Dorf Rasulpur lebt und einer niederen Kaste angehört, herrscht tiefe Sorge und Aufregung. Jasbir Singh, der einzige Sohn, ist im Alter von dreieinhalb Jahren schwer an den Pocken erkrankt. Der Arzt hat längst jede Hoffnung aufgegeben. Das Kind liegt bereits in den letzten Zügen, sein Atem ist kaum noch spürbar, und der Puls schon ganz schwach.

An jenem Abend im Mai 1954 stirbt der kleine Jasbir. In seinem Schmerz will der Vater zu seinem Bruder gehen, um diesen zu bitten, bei den Vorbereitungen zur Begräbnisfeier zu helfen. Aber die Nacht ist schon hereingebrochen, und obwohl sein Bruder nur wenige Straßen weiter wohnt, verschiebt Vater *Tyagi* den traurigen Besuch auf den nächsten Morgen.

Zwischen Mitternacht und Morgengrauen schreckt die Mutter, die am Bett des verstorbenen Kindes Wache hält, urplötzlich auf. Was war das? Hat sich Jasbir nicht gerade bewegt, oder war es nur eine grausame Täuschung? Spielte ihr die Erschöpfung einen bösen Streich? Unruhig geworden, legt sie ihr Ohr an seine Brust, und es besteht kein Zweifel: Das Herz schlägt wieder, der kleine Jasbir Singh lebt!

In den darauffolgenden Wochen erholt er sich erstaunlich gut von seiner schweren Krankheit. Für den Arzt ist die Genesung des Knaben allerdings ein Rätsel. Seine Wissenschaft, die Medizin, hat keine Erklärung dafür. Doch die Familie ist um so glücklicher über die wundersame Rettung Jasbirs und opfert den Göttern im Tempel, was sie entbehren kann.

Aber bald müssen die Eltern eine befremdliche Feststellung machen: Der kleine Jasbir hat sich in äußerst merkwürdiger Weise verändert. Das dreieinhalbjährige Kind behauptet mit einem Mal, verheiratet zu sein, mehrere Kinder zu haben und der Kaste der Brahmanen anzugehören. Die Brahmanen stellen die Priesterkaste dar, sind somit die höchstrangige der vier Hauptkasten Indiens. Und Jasbir weigert sich standhaft, die einfachen Speisen anzunehmen, die ihm seine Eltern anbieten. Diese seien in irdenen Gefäßen zubereitet worden, doch Brahmanen dürften nur aus metallenen Gefäßen essen. Die Eltern sind fassungslos und wissen sich nicht mehr zu helfen. Nach langer Suche findet sich schließlich eine Brahmanin, die für den so seltsam veränderten Jasbir Singh Tyagi nach den Vorschriften ihrer Kaste kocht, damit dieser nicht verhungern muß.

»Ich heiße Sobha Ram!«

Jasbir weigert sich auch, mit den anderen Kindern des Ortes zu spielen, die allesamt einer niedrigeren Kaste angehören. Und er spricht die gewählte Sprache der Brahmanen, die er allerdings im Hause seiner Eltern noch niemals zuvor gehört hat. Doch dies ist noch lange nicht alles.

Eines Tages behauptet Jasbir: »Ich heiße Sobha Ram und bin der Sohn des Shankar aus dem Dorfe Vehedi. Ich will zu meinem Vater zurück!« Vehedi liegt ungefähr fünfunddreißig Kilometer von Rasulpur entfernt, doch gibt es weder eine Bahnlinie noch eine Autoverbindung zwischen den beiden Ortschaften. Niemand in Rasulpur kann sich erinnern, jemals in Vehedi gewesen zu sein. Und keiner kann sich erklären, woher der kleine Jasbir all diese Einzelheiten wissen kann, die er über Vehedi und »seine Familie« dort berichtet. Es sei denn …

Verständnislosigkeit auch bei seiner Behauptung: »Ich wurde in meinem Leben als Brahmane Sobha Ram bei der Rückkehr von einer Hochzeitsfeier mit vergifteten Pralinen ermordet. Mir wurde schlecht, dabei stürzte ich von einem fahrenden Wagen. Mit dem Kopf schlug ich auf das Pflaster auf und verstarb noch an dieser Stelle.« Jasbir gibt auch den Grund für den heimtückischen Mord an und nennt den Namen des Mörders. Er (Sobha Ram) habe dem Mann sechshundert Rupien geliehen, die dieser nicht mehr zurückzahlen wollte.

Nach seinem Tod als Sobha Ram, so der Junge weiter, sei seine Seele zu einem *Mahatma* (einer »großen Seele«, einem »großen Weisen«, d. Verf.) gegangen, der ihm geraten habe, Zuflucht im Körper des soeben verstorbenen Jasbir Singh Tyagi zu suchen. Diesen Rat habe er denn auch befolgt.

Die außergewöhnlichen Erzählungen Jasbirs verbreiteten sich wie ein Lauffeuer. Indische Wissenschaftler besuchten den Jungen und befragten ihn ausführlich. Sie fuhren auch nach Vehedi und stellten fest, daß es in dem Dorf tatsächlich einen gewissen Sobha Ram gegeben hatte. Dieser kam am 22. Mai 1954, also exakt am Tag von Jasbirs vermeintlichem Tode durch die Pocken, auf ungewöhnliche Weise ums Leben. Bei der Rückkehr von einer Hochzeitsfeier stürzte er von einem Ochsenkarren, erlitt komplizierteste Kopfverletzungen und verstarb noch am selben Tag. Eine Zeitlang hätten böse Gerüchte von Mord die Runde gemacht, doch da man keine Beweise für diesen schweren Verdacht hatte, forschte man in dieser Richtung nicht mehr weiter und ließ den toten Sobha Ram in Frieden ruhen.

Die Wissenschaftler fuhren mit Jasbir/Sobha Ram nach Vehedi. Bei dieser Gelegenheit fand das Kind auf Anhieb den kürzesten Weg zu dem Haus, in dem der Verstorbene mit seiner Familie gelebt hatte. Gleichfalls erkannte er dessen Verwandte wieder, begrüßte diese gleich mit ihrem Namen und gab sogar das genaue Verwandtschaftsverhältnis an.

Von den Ereignissen in Indien hörte der amerikanische Professor Ian Stevenson. Er gilt noch immer als *die* Kapazität bei der Erforschung des Phänomens der Wiedergeburt, und im Verlauf meiner Recherchen zu diesem Buch traf ich mich zu einem Gedankenaustausch mit ihm, als er einige Tage in München weilte. Er flog nach Indien, um dort persönlich alle Einzelheiten des Falles Jasbir Singh/Sobha Ram zu überprüfen. Im Verlauf seiner Nachforschungen sprach er mit fünfzehn Zeugen und ging insgesamt neununddreißig verschiedenen Angaben Jasbirs, der mittlerweile sechs Jahre alt geworden war, nach.

So behauptete Jasbir gegenüber Professor Stevenson:

* Vor dem Haus stehe ein bestimmter, seltener, tropischer Baum (zutreffend).
* Es gebe einen Brunnen, der zur Hälfte innerhalb des Hauses steht (zutreffend).
* Der Wagen, von dem der Brahmane stürzte, wurde von einem schwarzen und einem weißen Ochsen gezogen (zutreffend).
* Sobha Ram wurde vor der Fahrt zu der Hochzeitsfeier von einem Hund gebissen, als er sich bei einem Nachbarn eine Hängematte ausleihen wollte (zutreffend).

Dies ist nur ein Auszug jener Angaben, die sich bei der Überprüfung durch Professor Stevenson als richtig herausstellen sollten. Der amerikanische Wissenschaftler zweifelte nicht an der Echtheit der Rückerinnerung an eine frühere Existenz.

Die Familie des getöteten Brahmanen Sobha Ram betrachtete übrigens den kleinen Jasbir Singh Tyagi als gleichwertiges Mitglied des Hauses. Als Jahre später einer der Söhne Sobha Rams heiratete, wurde Jasbir, der inzwischen zum Jüngling herangewachsen war, um Rat befragt und zur Hochzeit geladen. Dieses Mal zum Glück ohne die tragischen Folgen, die ihn bei der letzten Hochzeit das Leben kosteten.

Eines Tages erhielt Jasbir alias Sobha Ram den Besuch jenes Mannes, den er immer als seinen Mörder bezeichnet hatte. Dieser drückte ihm verstört ein kleines Bündel Geldscheine in die Hand. »Dies sind die sechshundert Rupien, die ich Sobha Ram geschuldet habe. Sie gehören Dir ...«

Selbst der mutmaßliche Mörder war fest davon überzeugt, daß die Seele seines Opfers im Körper von Jasbir Singh wiedergeboren war. Die Parapsychologie spricht in einem Fall wie diesem von einer sogenannten *Austauschreinkarnation.* Hierunter versteht man die Wiedergeburt eines Verstorbenen (hier: des Brahmanen Sobha Ram) in den Körper einer anderen Person (hier: des Knaben Jasbir Singh Tyagi, der an einer Pockenerkrankung gestorben war), die dadurch *bleibend* aus ihm verdrängt wird. Derartige Fälle sind jedoch absolut untypisch für das Phänomen der Wiedergeburt, beinahe so etwas wie eine aggressivere Variante. Denn üblicherweise wird ja nicht die ursprüngliche Persönlichkeit verdrängt, sondern der Körper eines werdenden Menschen mit »altem« oder mehr erfahrenem Bewußtsein erfüllt.

Es sind auch nur äußerst wenige Fälle solcher *Austauschreinkarnationen* bekannt. Ich konnte noch ein weiteres, äußerst interessantes Beispiel in Erfahrung bringen. Es führt über England in das alte Ägypten.

An den Ufern des Nil, in der Nähe des Tempels, den der Pharao Sethos I. im dreizehnten vorchristlichen Jahrhundert im oberägyptischen Abydos zu Ehren des Gottes Osiris errichtet hatte, lebte lange Jahre eine ältere Engländerin. Es war Dorothy Eady, die bereits im Alter von drei Jahren gestorben war – genau wie der kleine Inder Jasbir aus dem vorangegangenen Beispiel. In Abydos lebte sie in der festen Überzeugung, die Wiedergeburt einer altägyptischen Priesterin zu sein.

Dorothy Eady war im Jahre 1903 in einer wohlhabenden Londoner Familie zur Welt gekommen. Als dreijähriges Mädchen spielte sie gerade im Treppenhaus, als sie plötzlich die Stufen hinunterstürzte und besinnungslos liegenblieb. Schnell wurde nach dem Hausarzt der Familie geschickt, doch dieser konnte die kleine Dorothy nur noch für tot erklären. Als er jedoch kurz darauf mit einer Krankenschwester zurückkehrte, um das tote Mädchen aufzubahren, fand er es entgegen aller ärztlicher Erfahrung wieder höchst lebendig und gesund vor.

Es dauerte nicht lange, da begann Dorothy, sich unter Tischen und hinter Möbeln zu verstecken. Verstecken zu spielen, das mag für Kinder, besonders in diesem Alter, ja durchaus etwas Normales sein. Aber da gab es noch etwas anderes: Sie verwirrte ihre Eltern mit dem seltsamen Wunsch, »nach Hause« gebracht zu werden. Nur – wo sollte dies »Zuhause« sein, nach dem sich das kleine Mädchen so sehr sehnte?

So vergingen einige Monate. Eines Tages besuchte die ganze Familie Eady das Britische Museum. In der Abteilung für Ägyptologie geriet die Tochter plötzlich vollkommen außer sich. Ohne ersichtlichen Grund küßte sie den alten Statuen die Füße, klammerte sich an die ausgestellten Mumiensärge. Mit einer unheimlich veränderten Stimme, die ihre Mutter als »fremdartig und alt« charakterisierte, beschwor sie ihre verwirrte Familie, sie wolle »bei meinem Volk bleiben«.

Als man ihr später ein Foto des Osiris-Tempels von Pharao Sethos I. zeigte, erklärte sie ihrem Vater, jener Tempel sei ihr wahres Zuhause. Kein Einwand konnte ihren Glauben daran erschüttern. Darüber hinaus behauptete sie, den Pharao Sethos I. sehr gut gekannt zu haben: Dieser sei ein freundlicher Mensch und seinem Volk ein guter Herrscher gewesen. Als ihre Überzeugung immer stärker wurde, begann sie im Britischen Museum die altägyptischen Hieroglyphen zu studieren. Dorothy verblüffte ihre Lehrer durch die unglaubliche Leichtigkeit, mit der sie die alte Bilderschrift begriff. Die Ägyptologen mußten hierzu erst den mehrsprachig gravierten *Stein von Rosette* finden, mit dessen Hilfe es J. F. Champollion (1790–1832) gelang, die Hieroglyphen zu entziffern. Aber Miss Eady erklärte ihren ratlosen Lehrern, daß sie ja nur eine Sprache und Schrift wiedererlernte, die sie »vergessen« habe.

Im Jahre 1930 – Dorothy war mittlerweile siebenundzwanzig Jahre alt geworden – heiratete sie einen Ägypter und zog mit ihm in das alte Land am Nil. Dem einzigen Kind, das ihnen geboren wurde – ein Sohn – gaben sie den Namen Sethos. Dorothy selbst nannte sich von diesem Zeitpunkt an »Um Seti«. Übersetzt heißen diese altägyptischen Worte »Mutter des Sethos«. Und sie nahm einen schlechtbezahlten Job als archäologische Assistentin an, den sie zwanzig Jahre lang ausübte. 1952 unternahm Um Seti ihre erste Reise nach Abydos in Oberägypten; dorthin, wo sich der Tempel Sethos I. befindet. Als der Zug in der Nähe eines Abhanges hielt, wußte Dorothy instinktiv, daß sie hierher gehörte.

Diese erste Begegnung mit dem Tempel beschrieb sie als ihre »Heimkehr« nach über dreitausend Jahren. Zwei Jahre später – sie hatte sich von ihrer Familie getrennt – fuhr sie nach Abydos zurück, um dort ihr Leben zu beschließen. Sie half den Archäologen bei der Restauration und der Konservierung des alten Tempels. Und sie betete täglich in der archaischen Sprache Ägyptens zu Osiris – als wohl einzige noch lebende Anhängerin des altägyptischen Götterglaubens.

1973 hatte sie nach langen Verhandlungen von den archäologischen Behörden endlich die Erlaubnis bekommen, nach ihrem Tode auf jenem Gelände bestattet zu werden, das sie immer als ihre »alte Heimat« bezeichnete. Und so geschah es auch.

Champollions dunkles Geheimnis

Ich habe bereits den französischen Ägyptologen Jean François Champollion erwähnt, und zwar im Zusammenhang mit der Entzifferung altägyptischer Hieroglyphen. Dies geschah mit Hilfe des berühmt gewordenen Steines von Rosette. Um den Gelehrten selbst ranken sich einige höchst seltsame Geschichten, die auch mit dem Phänomen der Reinkarnation zusammenhängen.

Als Jean François geboren werden sollte, war seine Mutter schwer krank, und nicht gerade unbegründete Ängste und Befürchtungen quälten die Familie Champollion. In diesen Stunden der Not wurde nach einem Nachbarn mit Namen Jacquou geschickt, der seine Zelte im angrenzenden, längst verlassenen Kloster Lundieu aufgeschlagen hatte. Besagter Jacquou stand im Rufe eines Mystikers und galt als pflanzenkundiger Heiliger, der um viele verborgene Dinge wußte und mit seinen vielseitigen Naturkenntnissen schon etlichen Menschen helfen konnte.

Auch bei den Problemen, die die hochschwangere Madame Champollion plagten, war sich Jacquou der richtigen Arznei sicher. Er behandelte die Kranke nach einer eigens zusammengestellten Rezeptur und versprach ihr darüber hinaus schnelle und vollkommene

Genesung. Über das Kind äußerte er sich in geradezu prophetischer Weise: Ein Sohn sollte es werden, und von nicht geringer Bedeutung. Der junge Champollion sollte »den Ruhm kommender Jahrhunderte überstrahlen«!

Seine Erfolge um die Entzifferung alter Schriften gingen in die Geschichte ein. J. F. Champollion verfaßte neben einer Ägyptischen Grammatik (*Grammaire Égyptienne,* 1836–1841) auch noch ein Wörterbuch der altägyptischen Sprache (*Dictionnaire Égyptien,* 1842/43), beides noch heute Standardwerke für die Wissenschaft der Ägyptologie.

Doch zurück zu den merkwürdigen Begebenheiten rund um seine Geburt. Der kleine Jean François mutete – gelinde ausgedrückt – reichlich sonderbar an. Sowohl seine Gesichtszüge als auch sein Teint wirkten keineswegs französisch, sondern vielmehr ausgesprochen orientalisch. Selbst die Hornhaut seiner Augen war nicht, wie eigentlich zu erwarten gewesen wäre, weiß. Sondern auffällig gelb gefärbt, wie es sich für einen echten Orientalen geziemen würde!

Es schien beinahe, als hätte sich im jungen Champollion ein alter Ägypter reinkarniert, um den ratlosen Altertumsforschern endlich die Inhalte der bis dahin unentzifferten Hieroglyphenschriften nahezubringen.

Das Volk der Drusen

Verweilen wir noch etwas in diesem geographischen Raum, der sich, was gute Beispiele für mögliche Seelenwanderung betrifft, als äußerst ergiebig erweist.

Hören wir Nachrichten aus dem Nahen Osten, dann ist zumeist die Rede von Spannungen zwischen Israelis und Palästinensern oder irgendwelchen anderen arabischen Nachbarn. Ein weiteres, in dieser Region ansässiges Volk gerät dagegen so gut wie nie in die Schlagzeilen. Obwohl es diese Menschen, wenn auch aus ganz und gar unpolitischen Gründen, sicher verdient hätten.

Es ist die Rede vom Volk der *Drusen*. Um das Jahr 1000 ist diese kleine Glaubensgemeinschaft unter Mohammed ben Ismail Daraze aus dem Islam hervorgegangen. Deren über hunderttausend Anhänger verteilen sich auf mehrere Länder des Vorderen Orients; sie leben im Iran und in Syrien, im Libanon wie in Israel. Was die Aufmerksamkeit einiger Wissenschaftler auf die Drusen gelenkt hat, sind deren religiöse Vorstellungen, in denen die Reinkarnation einen nicht wegzudenkenden Stellenwert besitzt. Aber noch weit mehr als die theoretischen Grundlagen besticht die Praxis: Bei dem Volk der Drusen gibt es eine geradezu sensationelle Häufung von Wiedergeburtserfahrungen!

Die Glaubensgrundlagen der Drusen sind in vierundzwanzig heiligen Büchern niedergelegt, von welchen nur sechs allgemein zugänglich sind. Die übrigen gelten als Geheimlehre. Eine Konstante darin ist die unbedingte Bejahung des Wiedergeburtsgedankens, wobei allerdings zwischen der einen und der nachfolgenden Inkarnation kein langer Zeitraum angenommen wird. Vielmehr soll die Seele des Verstorbenen noch am selben Tag, wenn nicht gar in der Stunde seines Todes, doch stets binnen sehr kurzer Frist in einem Neugeborenen wieder zur Welt kommen. Die zuverlässigsten Aussagen und Indizien sollen von unbeeinflußten Kindern zwischen zwei und fünf Jahren stammen. Die im folgenden zitierten Fälle wurden mir aus Israel zugänglich gemacht.

Ein Druse, der eine englische Freundin hatte, kam auf tragische Weise ums Leben. Als die Engländerin ein paar Jahre später eine Drusenfamilie besuchte, kam ein kleiner Junge auf sie zu und erklärte, er wäre ihr verstorbener »boy friend«. Dabei erzählte er zu aller Überraschung intime Einzelheiten aus ihrem gemeinsamen

Leben, die tatsächlich nur jener Mann sowie das englische Mädchen wissen konnten.

Am Ende wußte er sogar noch über ein an intimer Stelle gelegenes Muttermal seiner einstigen Geliebten Bescheid, so daß dem verlegenen Mädchen keine Zweifel mehr darüber geblieben sind, mit wem sie es da zu tun hatte.

»Warum verstößt du mich wieder?«

In einer Drusenfamilie wurden mehrere Töchter geboren, doch der ersehnte Stammhalter ließ weiter auf sich warten. Als die Frau ihrem Ehemann abermals eine kleine Tochter gebar, war dieser darüber nicht nur bitter enttäuscht – bei seinem Besuch in der Klinik vergaß er sich derart, daß er seine Frau aufs Übelste beschimpfte, sie anspuckte und ihr erklärte, daß er sie in seinem Haus nicht mehr sehen wolle.

Das rüde Benehmen des Mannes verursachte bei der Frau einen Schock. Fieber trat ein und eine tiefe Depression, die jeden Willen, weiterzuleben, lähmte. Ungeachtet aller ärztlichen Bemühungen starb die Frau nach wenigen Tagen.

Zwei Jahre später war der Witwer zu Besuch bei Freunden, deren kleine Tochter ständig seine Aufmerksamkeit auf sich zu ziehen versuchte. Anfangs machte ihm das Kind Spaß, aber bald verlor er die Geduld und wies es brüsk von sich.

Völlig unkindlich kam es da plötzlich aus dem Mund des Mädchens:»Warum verstößt du mich schon wieder? Ich bin doch deine Frau! Ich starb, weil du dich so barbarisch gegen mich verhieltest, doch ich verzeihe dir. Ich war dir eine gute Ehefrau und will dir helfen, unsere Töchter aufzuziehen. Während meines Lebens habe ich ein paar alte Schmucksachen, die mir meine Mutter gegeben hatte, beiseite getan.«

Dann gab sie den genauen Platz an, an dem sich die Wertgegenstände befanden. Der Mann eilte nach Hause und fand tatsächlich genau an der von dem kleinen Mädchen bezeichneten Stelle die Schmuckstücke. Bleibt nur noch zu hoffen, daß dieses Erlebnis ihn wenigstens zu einem guten Vater werden ließ!

Der klassische Fall: Shanti Devi

Bei dem Thema Wiedergeburt wirft sich immer wieder die Frage nach stichhaltigen Beweisen auf. Möchte man doch möglichst jeden Zweifel ausschließen, um die Sicherheit zu erhalten, daß das Leben nicht einfach mit dem klinischen Tod, mit dem Verwesen des Körpers vorbei ist. Der folgende Fall ist mittlerweile als *der Klassiker* in die umfangreiche Literatur über die Reinkarnation eingegangen.

Mit dem indischen Mädchen *Shanti Devi* haben sich inzwischen so viele Wissenschaftler beschäftigt, die allesamt zu einem positiven Urteil gelangt sind, daß selbst der hartnäckigste Kritiker die Waffen strecken muß.

In ostasiatischen Religionen ist Wiedergeburt beinahe schon etwas Alltägliches. Zusätzliche philosophische Thesen sind unnötig, um die Frage einer Wiedergeburt zu bejahen. Aber diese unmittelbare Konfrontation mit der inkarnierten Persönlichkeit in Shanti Devi war die Arbeit vieler Experten wert:

»Nach allen uns vorliegenden Erkenntnissen, die sich in der Untersuchung der Angaben Shanti Devis ergeben haben, dürfen wir hier eine Bestätigung für eine echte Reinkarnation sehen. Die Rückerinnerungen in diesem neunjährigen Mädchen an ein fünfundzwanzig Jahre zurückliegendes Leben sind mit normalen wissenschaftlichen Mitteln nicht zu erklären.«

Dieses Kommuniqué gaben namhafte Professoren der Universitäten von Benares, Lucknow und Allahabad (alle in Indien) im Jahre 1953 gemeinsam heraus.

Shanti Devi wurde am 17. Januar 1944 in der indischen Hauptstadt Neu-Delhi geboren. Verzweifelt versuchten die Eltern dem Hindumädchen beizubringen, daß es Shanti hieße. Als sie den Sinn des Wortes verstanden hatte, schüttelte sie heftig den Kopf. Nein, dieses konnte nicht ihr Name sein! Mit größter Selbstsicherheit behauptete sie vor den erstaunten Eltern, daß sie in Wirklichkeit *Annes* heiße und mit dem Stoffhändler und Kaufmann *Ahmed Lugdit* verheiratet sei. (Hier überschneiden sich die Quellen: In einigen Berichten heißt sie *Dugdie* und ihr Mann *Kedar Nath*. Da jedoch ansonsten alle Angaben zumeist identisch sind, bleibe ich hier bei den ersten Namen *Annes* und *Ahmed Lugdit*, d. Verf.) Shanti Devi erzählte ihren erstaunten Eltern weiter, daß sie einen Sohn habe und in der Stadt Muttra gelebt hat.

Anfangs schenkten die Eltern den Beteuerungen des Mädchens wenig bis gar keinen Glauben, sondern wollten ihr beibringen, daß man nicht lügen darf. Niemand kannte die Stadt Muttra, genausowenig wie einen Kaufmann namens Ahmed Lugdit.

Das Kind wurde neun Jahre alt, und kein Tag verging, an dem sie nicht bat, nach Muttra reisen zu dürfen. Übrigens sprach Shanti Devi auch nicht den für Delhi typischen Dialekt. Später erst stellte man fest, daß dieser Dialekt in Muttra gesprochen wird. Dabei war das Mädchen bis zu diesem Zeitpunkt noch kein einziges Mal aus Delhi herausgekommen.

Die Eltern wurden indes immer verzweifelter und konsultierten verschiedene Ärzte. Schließlich wurde Shanti Devi einem brahmahnischen Arzt vorgestellt, der sie auf möglichen Wahnsinn hin untersuchen sollte. Der sonderte sie aber sofort von ihren Eltern ab und unterhielt sich sehr lange mit dem Kind, stellte immer wieder neue Fragen. Eine geistige Störung, wie sie die Eltern vermutet hatten, konnte er ausschließen – und er regte weitere Untersuchungen an.

Wiedersehen in Muttra

Dank der Mitarbeit der Meldebehörden und Standesämter, welche man in die Ermittlungen eingeschaltet hatte, konnten bald konkrete Ergebnisse vorgewiesen werden. Muttra ist ein mittelgroßer Ort, nördlich der Stadt Agra gelegen. Tatsächlich lebte dort ein gewisser *Ahmed Lugdit,* der dreißig Jahre lang als Stoffhändler tätig war. Die Prüfung der Aufzeichnungen ergab, daß Lugdit am 25. Oktober 1928 Witwer geworden war.

Seine verstorbene Frau hieß Annes und war nach der Geburt ihres Sohnes am Kindbettfieber gestorben. Ein weiteres Ergebnis dieser ersten Untersuchung war, daß Shanti Devi sich an sehr persönliche Einzelheiten im Haus und an Ahmed Lugdit exakt erinnern konnte. Sogar gewisse Speisen, die dieser bevorzugte, konnte Shanti den Professoren nennen. Kann man hier überhaupt noch von *Zufällen* sprechen?

Nachdem das Mädchen auch noch behauptete, daß »ihr Mann« einen Oberlippenbart trage, eine sehr hohe Stirn und am rechten Oberarm eine Narbe habe, begannen die Professoren mit einem Experiment. Auf Kosten der Regierung wurden Ahmed Lugdit, dessen zweite Frau sowie sein Sohn (aus der Ehe mit Annes) nach Delhi gebracht. Der Stoffhändler wurde in eine Gruppe von fünfzehn anderen Männern gestellt. Als dies geschehen war, ließ man Shanti Devi in den Raum.

Ein, zwei Sekunden lang starrte das Mädchen auf die Männergruppe. Dann lief sie zielsicher auf Ahmed Lugdit zu und umarmte ihn herzlich. Sie freute sich, daß er gekommen war und sich an sie erinnert hatte. Auch Lugdit zeigte sich tief erschüttert, denn er vernahm in den Worten des Mädchens die Stimme seiner längst verstorbenen Frau. Zwischen den beiden begann nun eine lange Unterhaltung, die sich auf Gemeinsamkeiten bezog, welche nur Menschen wissen konnten, die einander sehr nahe standen, die sich liebten und die der Tod plötzlich und unerbittlich getrennt haben mußte.

Shanti Devi sprach wieder in dem Dialekt, der in Muttra geläufig ist. Ahmed Ludgit kam aus dem Staunen nicht mehr heraus. Zutiefst berührt schloß er die Neunjährige in seine Arme – in der vollen Überzeugung, daß sie die Wiederverkörperung seiner ersten Frau ist. Für ihn gab es nicht die geringsten Zweifel mehr. Auch nicht für die anwesenden Professoren. Mittlerweile war auch der Sohn von Annes und Lugdit dazugekommen. Shanti Devi kümmerte sich rührend um ihn, wollte ihn bei sich behalten und sogar ihre Eltern verlassen, um zu Ahmed Lugdit und »ihrem« Sohn zurückzugehen.

Die letzten Zweifel zerstreut

Die Professoren führten dann ein Gegenexperiment durch, um ganz sicherzugehen. Nach zehn Tagen fuhren sie gemeinsam mit Shanti Devi und ihrem Vater mit dem Zug nach Muttra – getrennt von Ahmed Lugdit. Die Ankunft in der fremden Stadt war für das Mädchen nichts Ungewöhnliches. Ungezwungen wanderte sie umher, und bezeichnete im voraus Straßen, Plätze, Gassen und markante Häuser. Dann ging sie zielstrebig auf die Straße zu, in der sich Geschäft und Wohnung von Ahmed Lugdit befanden. Viele von denen, die ihr unterwegs auf der Straße begegneten, grüßte sie mit Namen – auch den Vater Lugdits. Alle hatten bereits vor fünfundzwanzig Jahren in Muttra gelebt.

Im Haus angekommen, ging sie ohne zu zögern in jenen Raum, der früher ihr Zimmer gewesen war. Auch sonst wußte sie genauestens über jede Ecke und Nische Bescheid. Plötzlich hob sie ein Bodenbrett in ihrem früheren Zimmer hoch, um Geld zu suchen, das sie vor vielen Jahren dort einmal als heimliche Notreserve verborgen hatte. Doch das Versteck war leer. Erschüttert erklärte Ahmed, der die Szene beobachtet hatte, daß er genau an dieser Stelle nach dem Tod seiner Frau ein Bündel Banknoten gefunden hatte. Den unverhofften Geldsegen hatte er damals für sein Geschäft verwendet. Nun war für alle Beteiligten auch der letzte Anflug von Zweifel endgültig zerstreut.

Schließlich erkannte das Mädchen auch die Eltern von Annes, die noch in Muttra lebten, und umarmte sie herzlich. Sie bekamen »ihre« Tochter noch einmal zurück …

Dies alles sind Fakten, die man nicht mehr wegdiskutieren kann. Stellt sich hier wirklich noch ernsthaft die Frage, ob Wiedergeburt möglich ist? Oder reduziert sich diese Frage angesichts erdrückender Tatsachen zur bloßen Rhetorik? Wenn alles nur ein Traum gewesen sein soll, wo hätte dieser seinen Ursprung gehabt? Wären es nur »hellsichtige Visionen« gewesen, hätte Shanti andere Worte gewählt: »In diesem Haus wohnt ein Stoffhändler. Dort ist Geld versteckt. Ich weiß, daß das die Eltern von Annes Lugdit sind.«

Doch Shanti Devi berichtete allen exakt *das,* was sie *selbst erlebt* hatte!

6

»Des Menschen Seele gleicht dem
Wasser: Vom Himmel kommt es, zum
Himmel steigt es. Und wieder nieder
zur Erde muß es, ewig wechselnd.«
J. W. von Goethe (1749–1832)

Déjà vu

Zufall oder wiedererlebte Realität?

Hatten Sie schon einmal ein »Déjà-vu-Erlebnis« (von franz. déjà vu – »schon gesehen«)? Mit anderen Worten: Kennen Sie das seltsame Gefühl, irgend etwas schon einmal erlebt zu haben, an irgendwelchen Plätzen bereits einmal gewesen zu sein? Empfinden Sie Angst vor Dingen, die andere Menschen wiederum für völlig harmlos halten? Haben Sie gar bei gewissen, Ihnen bis zu diesem Zeitpunkt fremden Personen das unbestimmte Gefühl, daß diese Ihnen »unheimlich« vertraut sind? Zieht es Sie in ein bestimmtes Land, an einen Ort, den Sie unbedingt besuchen wollen? Oder sind Sie jemals in einer Stadt gewesen, wo Sie Straßen und andere Örtlichkeiten zu kennen glaubten?

Haben *Déjà-vu-Erlebnisse* also mit dem Phänomen Wiedergeburt zu tun? Wir alle kennen dieses seltsame Gefühl, und viele von uns haben Derartiges mit Sicherheit schon einmal ganz konkret erlebt! »Aber Vorsicht«, mahnt der Skeptiker. »Auch ein ganz normales, primär vergessenes Sinneserlebnis kann zu dem Gefühl führen, einen bestimmten Ort oder eine prägnante Situation bereits zu kennen und dieses ›untrügliche‹ Gefühl dann mit einer Reinkarnationsphantasie zu kombinieren.« Womit er bei dem folgenden Fallbeispiel sicher nicht allzusehr danebenliegen dürfte.

Ein britischer Armeeoffizier und seine Frau reisten durchs Land und kamen dabei an einen unweit der Straße gelegenen Weiher, den sie beide gleichzeitig erkannten. Sie waren unumstößlich davon überzeugt, ihn schon einmal gesehen zu haben – ebenso bestimmt wußten sie aber auch, daß sie noch niemals zuvor in diesem Teil Großbritanniens gewesen waren. Daraus folgerten sie, daß sie in einem früheren Leben dort gewohnt haben mußten. Der Gedankengang erschien ihnen auch vollkommen plausibel: Da sie sich bereits aus einer früheren Existenz kannten, war es doch nur logisch, daß sie sich auch in diesem Leben kennengelernt und geheiratet hatten.

Zurück in London, besuchten sie eines Tages eine Kunstgalerie, in der sie einmal lange Zeit vor ihrer oben beschriebenen Reise gewesen waren. Dabei entdeckten sie ein Gemälde mit dem erwähnten Teich, das sie vermutlich auch bei ihrem ersten Besuch gesehen, jedoch völlig vergessen hatten. Als sie an jenen Ort kamen, verspürten sie nur noch ein undeutliches Gefühl der Vertrautheit im Gedächtnis, das nur so stark war, sie glauben zu lassen, sie hätten diesen Ort bereits in einem früheren Leben gesehen.

Zugegeben: Sicherlich gibt es Vorkommnisse wie im gerade zitierten Beispiel, in denen ein höchst unzulängliches Langzeitgedächtnis dem Betreffenden eine Erinnerung aus einer angeblich vorangegangenen Existenz vorgaukelt. Der Psychologe spricht in solchen Fällen von *Kryptomnesie* – also von verschütteten oder vergessenen Bewußtseinsinhalten, die ganz plötzlich und unvermutet wieder zum Vorschein kommen.

Nicht selten wird aber auch eine andere, parapsychologische Erklärung für das unvermittelte Wiedererkennen offenbar bekannter Dinge vorgebracht: *Präkognition,* also Vorherwissen, Hellsehen oder wie immer man es auch bezeichnen mag. Doch im folgenden Fall kommen wir weder mit *Kryptomnesie* noch mit *Präkognition* weiter. Denn die – wie bei derartigen Erfahrungen üblicherweise – gut erhaltenen Örtlichkeiten bildeten so etwas wie eine spontane Assoziationsbrücke zu jenen Gegebenheiten, die sich früher dort abgespielt haben mußten.

»Bhan«

Der amerikanische Schriftsteller Chapman White berichtete von Mr. und Mrs. Bralorne, einem Ehepaar aus dem Mittelwesten der USA, das im Verlauf einer Kreuzfahrt in der indischen Hafenstadt Bombay an Land ging. Dort machten die beiden die unheimlichste Erfahrung ihres Lebens. Mr. Bralorne schilderte dieses aufwühlende Erlebnis:

»Da wir in all unseren gemeinsamen Jahren noch niemals die Vereinigten Staaten verlassen hatten, war uns die Stadt Bombay natürlich alles andere als vertraut. Doch kaum waren wir dort gelandet und von Bord unseres Schiffes gegangen, da beschlich mich ein ganz eigenartiges Gefühl. Und als meine Frau und ich später die Straßen dieser quirligen Metropole entlangschlenderten, sagte ich auf einmal – völlig zusammenhanglos – zu ihr: ›Wenn wir an dieser Stelle um die Ecke biegen, dann kommen wir zur afghanischen Kirche.‹

Ein paar Minuten später, nachdem sich diese Vorhersage exakt bewahrheitet hatte, meinte ich: ›Zwei Straßen weiter werden wir auf die De-Lisle-Straße stoßen.‹ Meine Frau war reichlich erstaunt, warf mir einen kritischen Blick zu und bemerkte eher spöttisch: ›Du scheinst Dich ja hier recht gut auszukennen. Womöglich hast Du auch noch das Gefühl, daß Du irgendwann schon einmal hier gewesen bist.‹

Darüber war ich absolut perplex, denn *genau so* kam es mir in diesem Moment auch vor! Ich kann es wirklich kaum beschreiben, wie groß unsere Verwunderung an diesem seltsamen Tag noch wurde. Wir spazierten geradewegs in dieser fremden, exotischen Stadt umher, als würden wir jede einzelne Straße, jedes alte Gebäude schon unser Leben lang kennen. Oder vielmehr aus einem *anderen* Leben ...«

Als das Ehepaar Bralorne tags darauf noch einmal durch die Stadt lief, fragten sie einen Polizisten, ob es am Fuß des *Malabar Hill* ein großes Haus gäbe, vor dem ein hoher Baum steht. Der Polizist antwortete ihnen, früher habe es an diesem Platz sehr wohl ein solches Haus gegeben, es sei aber schon vor fast neunzig Jahren abgerissen worden. Der Vater des Polizisten sei Diener in diesem Haus gewesen, das einer wohlhabenden Familie mit dem Namen *Bhan* gehört hatte.

Jetzt wurde es dem Ehepaar aus dem amerikanischen Mittelwesten vollends unheimlich. Hatten sie doch einen bereits erwachsenen Sohn, den sie auf den in ihrer Heimat recht ungewöhnlichen Vornamen *Bhan* taufen ließen! Weil ihnen dieser Name damals ganz spontan eingefallen war ...

Das Schiff auf dem Qian Tangjiang

Ein weiteres, mich selbst am meisten verblüffendes Beispiel für das Phänomen *Déjà vu* vermag ich aus meinen eigenen Erfahrungen beizutragen. Ich habe – zugegeben – lange mit mir gekämpft, ist es doch ein prägnanter Unterschied, über Phänomene zu schreiben, oder diese auch selbst erlebt zu haben. Letztendlich habe ich mich doch entschlossen, mein sehr persönliches Erlebnis in diesem Buch zu schildern.

Es war im November 1992. Ich war heilfroh, dem tristen und ungemütlichen Spätherbst zu Hause in Deutschland wieder einmal entkommen zu sein. Und zwar in das »Reich der Mitte«. Auf eine

sonderbare Art und Weise fühle ich mich im ostasiatischen Kulturkreis schon von jeher recht wohl. Nicht zum ersten Mal befand ich
mich mit einer Reisegruppe in der Volksrepublik China, spielte ich
wieder einmal den Tourguide für eine bunt zusammengewürfelte
Truppe von Globetrottern.

Aus Hongkong kommend, war die erste Station unserer Rundreise
Hangzhou, die Hauptstadt der ostchinesischen Provinz Zhejiang.
Sie liegt am lieblichen »Westsee«, einem in heutiger Zeit fast voll-
ständig von der Stadt umschlossenen, künstlich angelegten Gewäs-
ser. Schon die Dichter der T'ang- und der Song-Dynastie haben den
durchschnittlich zwei Meter tiefen See mit ihren blumigen Worten
beschrieben. In der näheren Umgebung von Hangzhou liegen
mehrere sehenswerte buddhistische Tempel, die das Chaos der
»Großen proletarischen Kulturrevolution«, die in den sechziger
und siebziger Jahren Tod und Zerstörung über das Reich der Mitte
brachte, weitgehend unbeschadet überstanden hatten. Wunder-
schöne, idyllische Gartenanlagen findet man in und im Umkreis
dieser Stadt. So man sich die Zeit dafür nimmt, findet der Geist
Ruhe und Entspannung, und schon in kürzester Zeit geht man voll
und ganz in dieser kleinen, heilgebliebenen Welt auf.

Südlich der Stadt Hangzhou, auf einer Anhöhe über dem Fluß
Qian Tangjiang, thront majestätisch die Pagode *Liuhe Ta* (auf
deutsch »Tempel der sechs Harmonien«). Ursprünglich im Jahre
970 zur Zeit der Song-Dynastie erbaut, stammt der sechzig Meter
hohe Tempel in seiner heutigen Form aus einem uns wesentlich
näheren Zeitabschnitt, nämlich aus dem Jahre 1899. Das Besondere an jener Pagode ist, daß sie von außen betrachtet nur sechs
Stockwerke erkennen läßt – von innen sind es jedoch dreizehn!
Von ihrem obersten Stockwerk aus bietet sie einen weiten Blick
über den Fluß Qian Tangjiang und in die weitere Umgebung der
Stadt Hangzhou.

Déjà vu!

Weit reicht die Bucht von Hangzhou an dieser Stelle in das Land hinein. Über das beginnende Mündungsdelta des hier zu einem mächtigen Strom angeschwollenen Qian Tangjiang erstreckt sich die über tausenddreihundert Meter lange, zweistöckige Brücke »Qian Tangjiang Daqiao«. Oben fahren die Autos und dieselqualmenden Busse sowie das noch immer Millionen zählende Heer der Fahrräder über den Strom. In der unteren Etage dampft die Eisenbahn, dort zieht sich ein dunkelgrüner Lindwurm über den großen Fluß in die Sechsmillionenstadt in der Nähe des ostchinesischen Meeres.

Die anderen Reiseteilnehmer stiegen noch immer im »Tempel der sechs Harmonien« herum. Mich aber zog ein unbestimmtes und trotzdem unwiderstehliches Gefühl an den Rand des Abhanges zum Fluß hin. Es war so stark, daß ich, obwohl innerlich deutlich widerstrebend, nachgab und mich dem Hang näherte. Einige Meter im Baumbewuchs waren abgeholzt und gaben den Blick zum Qian Tangjiang hinunter frei.

Déjà vu! Unten am Ufer lag, friedlich vertäut in einer Menge anderer Schiffe, wie auch zwischen traditionellen Dschunken, ein Dampfer von jener Sorte, wie sie einmal in den dreißiger und vierziger Jahren modern gewesen waren. Es war einer dieser Seelenverkäufer, die noch heute vereinzelt die Strecke zwischen Hongkong und Shanghai abschippern und hierbei auch die großen Flüsse hinauffahren. In diesem ebenso eigenartigen wie aufwühlenden Augenblick hatte ich das untrügliche Gefühl, irgendwann schon einmal hiergewesen zu sein. Es war die sich hartnäckig in meine Gedanken bohrende Gewißheit, daß meine Existenz – jedoch keinesfalls die jetzige! – in irgendeiner Weise mit diesem alten, graugrün angestrichenen Seelenverkäufer zusammenhängen mußte.

Und gleichzeitig beschlich mich auch noch ein äußerst beunruhigendes Gefühl, beinahe so etwas wie Panik. Die Angst vor etwas Unbestimmtem, etwas Unheimlichem, das nicht zu fassen war.

Déjà vu – hier war ich schon einmal gewesen! War ich in meiner vorangegangenen Existenz auf diesem Schiff, befuhr ich gar als chinesischer Matrose diese Gegend im Ostchinesischen Meer? Gedanken, die phantastisch klingen und doch nicht allzuweit hergeholt erscheinen. Aber was ist von jenem unguten, fast panischen Gefühl zu halten, das urplötzlich von mir Besitz ergriffen hatte? Welche Bedeutung kommt ihm zu? Wurde meine mutmaßlich vorhergehende Existenz vielleicht durch irgendein tragisches Ereignis zu einem jähen Ende gebracht – sei es durch einen Unglücksfall oder durch das gewalttätige Eingreifen einer anderen Person?

Die vielen Wege unserer Existenz

Seit diesem Schlüsselerlebnis bin ich fest davon überzeugt, daß die meisten von uns mehr als nur einen irdischen Weg zu gehen haben. Was macht unser Bewußtsein, unsere Seele, der Kern unserer Persönlichkeit oder wie immer wir auch dazu sagen wollen, in jenem unausweichlichen Moment, da unsere fleischliche Hülle aufhört, in der gewohnten Art und Weise zu »funktionieren«? Ist unser Geist wirklich auf Gedeih und Verderb an knappe tausendfünfhundert Gramm einer grauweißen Masse, die den Schädel ausfüllt, gefesselt und stirbt mit dieser den Hirntod? Hört in diesem Moment alles auf, und war unsere Existenz umsonst, oder geht es »am Horizont weiter«, wie es so schön hoffnungsvoll im Refrain eines Songs von Udo Lindenberg heißt?

Ich neige ganz entschieden zu der letzteren Möglichkeit!

Denkbar ist auch – und nach den Aussagen namhafter Reinkarnationsforscher scheint dies eher der Normalfall zu sein –, daß wir auf einem neuen Weg, in einem neuen Leben wieder auf dieselben alten Weggefährten treffen. Sehr viele Berichte enthalten Hinweise auf persönliche Kontakte, die sich über mehrere Inkarnationen hinweg erhalten haben. Zumeist verändert sich dabei das »Rollenspiel« – es kann zum Beispiel ein Ehepartner beim nächsten Mal als Nachbar oder als Vorgesetzter auftreten. Die Seele gleicht einem Schauspieler, der in verschiedene Rollen mit verschiedenen Kostümen bei verschiedenen Vorstellungen schlüpft.

Doch welcher Sinn steckt in diesem etwas verwirrenden Modus? Wahrscheinlich geschieht dies alles, um zu lernen, um früher begangenes Unrecht wieder gutzumachen, um alte Schuld zu tilgen und Böses zu sühnen. Ein Mensch, dem man im früheren Leben Schlimmes angetan hat, mag einem vielleicht in dieser Existenz als Partner oder Vertrauter zugeordnet sein. Ebensogut könnte es auch möglich sein, daß man dieses Mal selber »an die Reihe kommt«, daß da noch jemand »ein Hühnchen zu rupfen« hat. Kalt erwischt! Wer zieht eigentlich die Fäden, wer mischt die Karten jeweils neu in diesem undurchsichtigen Spiel des Lebens?

Immer wieder habe ich mich gefragt, warum ich in meinem speziellen Fall solch eine ausgeprägte Affinität zum »Reich der Mitte« habe. Zum wiederholten Male schon habe ich große Teile Chinas bereist und durfte dabei sogar an Orte, die anderen Reisenden streng verwehrt sind. Inzwischen habe ich nicht nur ein Buch über Rätsel um mögliche außerirdische Kontakte im Fernen Osten geschrieben. Auch die Seefahrt fasziniert mich von jeher. Selten ließ ich einen Film über Abenteuer auf hoher See aus. Bin ich selbst auf Schiffen unterwegs – mindestens einmal im Jahr mit dem Schiff nach Schweden zu reisen, ist mir mittlerweile zur lieben Tradition geworden –, fiel den Begleitern stets auf, daß ich noch felsenfest auf den Beinen stehe, wenn sich andere schon längst nicht mehr in so guter Verfassung befanden. Seekrankheit ist gottlob kein Übel,

1–3 Für die Brahmanen, die traditionelle Priesterkaste Indiens, gehört die Seelenwanderung (Reinkarnation) zu den Grundfesten ihres Weltbildes. Diese aus dem 18. Jahrhundert stammenden Stiche illustrieren, wie sich die Menschen die erste bis dritte Inkarnation vorstellten.

4 Auch für die Ägypter gab es keinerlei Zweifel an einem Leben nach dem Tode. Dieser Papyrus aus dem Jahr 1400 v. Chr. zeigt, wie die Seelen gewogen werden.

5 Der altgriechische Kirchengelehrte Origenes (um 185–254 n. Chr.). Seine Überlegungen zur Wiedergeburt wurden auf dem fünften ökumenischen Konzil zu Konstantinopel (553 n. Chr.) als Irrlehre verdammt.

6 Konstantin Raudive, einer der Pioniere auf dem Gebiet der Tonbandstimmenforschung, bei der Arbeit in seinem Labor. Der paranormale Ursprung sogenannter »Transkommunikation« wird heute immer weniger in Frage gestellt. Handelt es sich wirklich um Manifestationen aus einem geheimnisumwobenen Zwischenreich?

7 Kirlian-Fotografie eines Blattes. Deutlich ist eine Art »Energiebrücke« zu dem frisch abgerissenen Teil zu erkennen.

8, 9 Ein frisch gepflücktes Blatt zeigt noch eine große Ausstrahlung (links). Wird das Blatt jedoch mit der Zeit welk, gibt es bald immer weniger »Flammen« von sich, und nach und nach verschwinden auch die letzten Lichtpunkte (rechts).

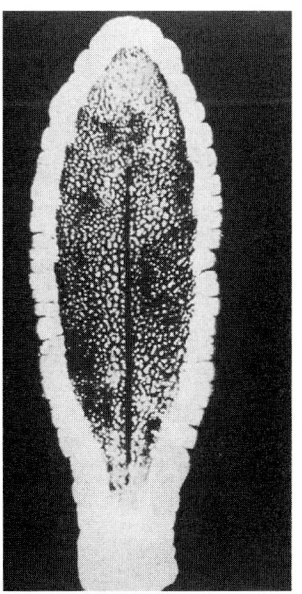

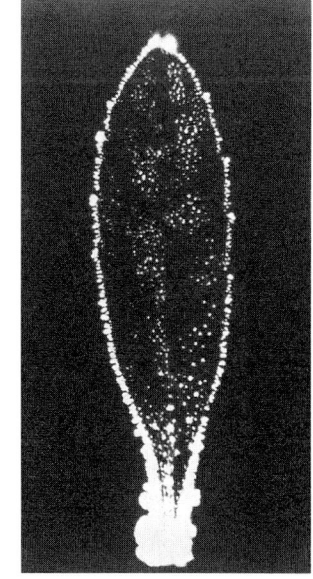

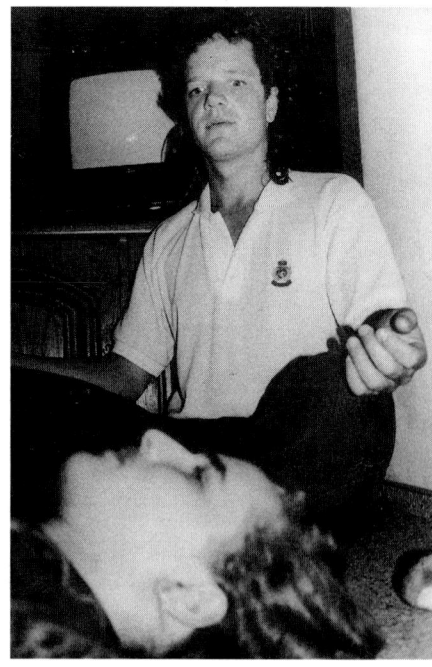

10 Hartwig Hausdorf und
Reporter Mike Schmitzer
(re.) sichten im Archiv das
Material zu einem aufsehen-
erregenden Rückführungs-
experiment (siehe Kapitel 3).

11 »Der Pfeil – er fliegt
genau auf mich zu …«
Meditationslehrer »Ananda«
führt einen Freiwilligen in
eine mutmaßlich frühere
Existenz zurück. Tatsäch-
liche Erinnerungen an ein
früheres Leben?

12   Gibt es einen Gott Ghadi? Die Münchner Bildhauerin Charlotte Goltz (hier auf einem seltenen Foto aus den zwanziger Jahren) erinnerte sich plötzlich an uralte Gottheiten und Rituale aus vorsemitischer Zeit. Ein weiteres Beispiel für Seelenwanderung durch die Jahrtausende?

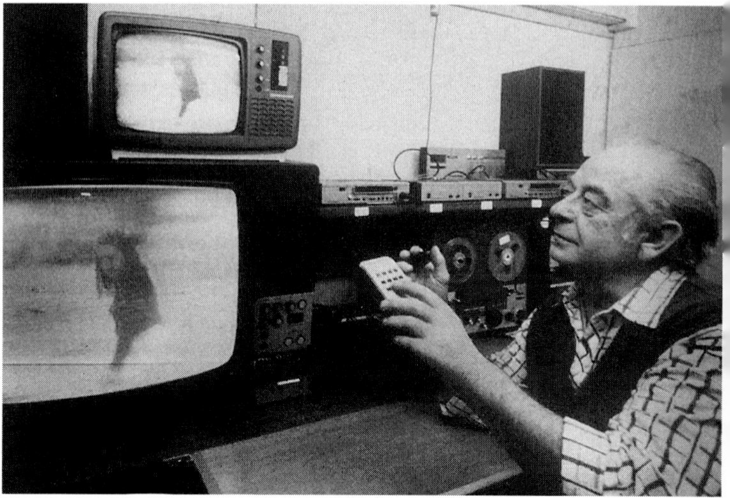

13 Das Jenseits auf Video: Zahlreiche Experimentatoren der Transkommunikation, wie der deutsche Rentner Klaus Schreiber, empfingen auf Videobildern Portraits verstorbener Angehöriger wie auch fremder Personen.

14, 15 Sind »Wunderkinder« wiedergeborene Geistesgrößen aus der Vergangenheit? Rätselhafte Parallelen lassen die Vermutung zu, daß Wolfgang Amadeus Mozart (1756–1791, Mitte) die Reinkarnation des großen Komponisten Johann Sebastian Bach (1685–1750, unten) gewesen sein könnte.

16 Durch scheinbar aus dem Nichts kommende Materialisationen überzeugt er auch Skeptiker: Sathya Sai Baba. Ist er die Wiedergeburt des 1918 verstorbenen Heiligen Sai Baba aus Shirdy? Und wird er tatsächlich Anfang des 21. Jahrhunderts als Prema Sai wiedergeboren werden? Die kommenden Jahre werden es zeigen ...

17 Er ist noch immer *die* Kapazität auf dem Gebiet der Reinkarnationsforschung: Professor Dr. Ian Stevenson. Er hat unzählige Fälle möglicher Wiedergeburt auf der ganzen Welt untersucht.

18 Professor Dr. Stevenson ist seit langem Inhaber eines Lehrstuhls für Psychologie an der medizinischen Fakultät der renommierten Universität von Virginia (USA).

UNIVERSITY OF VIRGINIA
HEALTH SCIENCES CENTER

DEPARTMENT OF PSYCHIATRIC MEDICINE
DIVISION OF PERSONALITY STUDIES

unter dem ich zu leiden habe, selbst hoher Seegang vermag mich nicht aus der Ruhe zu bringen.

Soweit meine eigenen Erfahrungen, die sich einreihen in eine schier unübersehbare Zahl ähnlicher Erlebnisse – spontan auftretende Erinnerungen an ein früheres Leben.

Wunderkinder: Genies aus der Vergangenheit?

Der weite Themenkomplex rund um die Wiedergeburt wäre unvollständig abgehandelt, würde ich hier einen Aspekt ausklammern, der gleichsam immer wieder damit in Verbindung gebracht wird. Die Rede ist von dem Phänomen der »Wunderkinder«. Kinder, die mit einem Intelligenzquotienten zur Welt kommen, der den IQ normaler Erwachsener (zwischen 90 und 110) bereits weit übertrifft.

Bereitet die Natur einen weiteren Schritt in der geistigen Evolution vor, oder liegt die Erklärung für dieses Rätsel – in unseren Tagen werden zwei Prozent der Kinder mit einem ungewöhnlich hohen Intelligenzquotienten von 130–150 geboren – in möglichen früheren Existenzen dieser auch heute Hochbegabten begründet? Es fällt mitunter wirklich schwer, sich vorzustellen, daß sie ihre herausragenden Fähigkeiten in den wenigen Jahren seit ihrer Geburt erlernt haben sollen.

Joanne Klink, die Autorin des Buches »Früher, als ich groß war«, sprach mit Hunderten von ungewöhnlich intelligenten Mädchen und Jungen im Alter zwischen zwei und vier Jahren. Ihnen allen war eines gemeinsam: Sie sprachen wie selbstverständlich über Erlebnisse aus einer Zeit, in der sie keine kleinen Kinder, sondern vielmehr Erwachsene waren.

Vollkommen mysteriös und an die Grenzen der Glaubwürdigkeit zu stoßen scheint die Geschichte eines holländischen Jungen, der im Alter von vier Jahren urplötzlich begann, von »geheimen Kammern in der Cheops-Pyramide« zu erzählen, die er in seinem früheren Leben mit seinen Leuten zugeschüttet haben will. Er hätte damals die Pyramiden konstruiert und berichtet von erstaunlichen Details, wie die Steinblöcke immer höher geschichtet worden seien. Er habe die Arbeiter darin unterwiesen, wie man die riesigen Quader unter Aufhebung der Gravitation quasi »mit dem kleinen Finger« heben kann. Auch von »intakten Menschenkörpern« in den geheimen Räumen tief unter der großen Pyramide berichtete der Junge, sowie von unterirdischen Gängen, die bislang noch nicht entdeckt seien.

Die Autorin Joanne Klink warnt davor, solche Berichte durchgängig nur als kindliche oder vorpubertäre Phantasien abzutun. Sie ist der festen Überzeugung, daß die meisten von uns schon des öfteren, nicht nur in ihrer gegenwärtigen Existenz, auf dieser Welt gewesen sind.

Ein wahres Wunderkind ist auch der kleine Nicolas MacMahon aus Großbritannien, der bereits im zarten Alter von vier Jahren die französische Sprache fließend beherrschte, sich mit Computern beschäftigte und meisterhaft Geige spielte. Mittlerweile liest er täglich drei Zeitungen, kennt die lateinischen Namen tausender von Insekten, und seine Eltern verbessert der neunmalkluge »Dreikäsehoch« konsequent bei Rechtschreibfehlern. Als Nicolas ein Jahr alt war, konnte er seine englische Muttersprache bereits sprechen und lesen.

Seine Eltern können sich die Herkunft dieser Hochbegabung ebensowenig erklären wie die hinzugezogenen Ärzte und Psychologen mit ihren althergebrachten Instrumentarien. Und leider haben sie auch nicht die notwendigen Mittel, um das kleine Genie auf eine Hochbegabtenschule zu schicken. Die normale Schule, die er besucht, langweilt ihn und unterfordert ihn auf die Dauer.

Genie Mozart – Wiedergeburt des Genies Bach?

Von einem nicht minder begabten Wunderkind des achtzehnten Jahrhunderts weiß uns die Musikgeschichte zu berichten. Am 27. Januar 1756 wurde dem Salzburger Hofkomponisten *Leopold Mozart* dessen Sohn *Wolfgang Amadeus* geboren. Selbst die einschlägigen Lexika kommen nicht umhin, ihn als ein ausgesprochenes Wunderkind zu bezeichnen. Mit vier Jahren begann der kleine Wolfgang Amadeus zu musizieren und zu komponieren, und er unternahm bereits im Alter von sechs bis zehn Jahren ausgedehnte Konzertreisen, die ihn durch Österreich und Deutschland führten. In den nur fünfunddreißig Lebensjahren, die ihm vergönnt waren, schuf er über sechshundert Werke weltlicher und geistlicher Musik: Messen, Singspiele und Opern, Sinfonien und Klaviersonaten, Violin- und Flötenkonzerte, Kammermusik und Operetten.

Und spätestens seit dem filmischen Meisterwerk *Amadeus* kennen wir auch die extreme Lebensgeschichte dieses exzentrischen Genies und begnadeten Künstlers, die alle möglichen Höhen und Tiefen eines viel zu kurzen Daseins auslotete und letztendlich in einem Armengrab endete. Am 5. Dezember 1791 trat Mozart von der irdischen Bühne ab.

Wenn ein Mensch in so jungen Jahren bereits eifrig zu komponieren beginnt, um mit acht Jahren meisterhafte Sinfonien zu schreiben, mag er vielleicht die Fertigkeit hierfür »von irgendwoher« mitgebracht haben. Möglicherweise von einem nicht minder begnadeten Musikgenie, welches nur sechs Jahre vor Mozarts Geburt gestorben war.

Johann Sebastian *Bach* (1685–1750) verließ als zehnjähriges Waisenkind seine Geburtsstadt Eisenach in Thüringen. Während seiner Lehr- und Wanderjahre durch die deutschen Lande bewies er zähen Fleiß und eisernen Willen. Doch obwohl sein Ruf als Komponist und großartiger Orgelvirtuose weit über die Grenzen seiner Heimat hinausdrang, blieb ihm der wirkliche Ruhm und Erfolg zu Lebzeiten verwehrt. Das änderte sich auch nicht, als er dem Ruf nach Leipzig folgte und im Jahre 1723 Kantor der Thomaskirche wurde. In den folgenden »Leipziger Jahren« schrieb er zahllose Orgelwerke und Kantaten, und heutzutage gilt er als größter Meister der evangelischen Kirchenmusik. Unter Bachs Werken stehen an erster Stelle geistliche Kompositionen wie die Matthäus- und die Johannes-Passion. Stilistisch bildete er die Krönung der barocken Musikentwicklung. Auch die Kunst der Fuge geht auf ihn zurück. Aber niemand verstand zu seinen Lebzeiten den Reichtum seiner Werke. Eine Reise an den Hof des legendären Preußenkönigs Friedrich II. des Großen (1712–1786) endete enttäuschend für den Komponisten. Sein Leben und all seine Mühen kamen ihm vergebens vor. Fast vergessen, starb er am 28. Juli 1750 in seiner sächsischen Wahlheimat.

Zurück aus dem Reich der Toten

Vom Charakter her waren Bach und Mozart vollkommen verschieden. Der erste war ein solider, bürgerlicher, ja beinahe pedantischer Mensch, der in seinem Leben eine ständig wachsende Familie um sich scharte. Auch den Söhnen pflegte er seinen Stempel aufzudrücken: Carl Philipp Emanuel, Johann Christian und Wilhelm Friedemann Bach widmeten ihr Leben wie ihr Vater der musischen Kunst.

Das genaue Gegenteil des schwermütigen Bach war Mozart: ruhelos und ausschweifend, keinen bürgerlichen Konventionen verhaftet, ein *enfant terrible* und mit der ganzen Welt seiner Epoche stets im Unfrieden.

Hat Mozart an dem Punkt weitergemacht, wo Johann Sebastian

Bachs Schaffen am Ende seiner Existenz aufhörte? Als das junge Genie W. A. zu komponieren begann, war der nicht minder geniale Thomaskantor J.S.B. in der Welt der Musik bereits fast in Vergessenheit geraten. Den musikalischen Ton gaben nun andere an, wie etwa Georg Friedrich *Händel* (1685–1759) oder Joseph *Haydn* (1732–1809). Aber der junge Mozart fühlte sich auffallend stark zur Musik Bachs hingezogen. Erst in seinen späteren Jahren löste er sich vom Stil und der Tradition der barocken Musikkunst.

Es macht natürlich keinen Sinn, sich den Kopf zu zerbrechen, welcher der beiden nun der genialere Komponist gewesen sein mag, denn es erscheint ebenso widersinnig, den akkuraten Perfektionisten Bach mit dem ruhelosen und alle bürgerlichen Verhaltensmaßregeln mißachtenden Salzburger zu vergleichen. War Wolfgang Amadeus Mozart wirklich die Reinkarnation Bachs, dann müssen wir beide im jeweiligen Kontext der Zeit sehen, in der jeder gelebt und gewirkt hat. Es erscheint plausibel, daß jede Wiedergeburt in die gerade herrschenden Verhältnisse eingebunden wird und sich wohl eher selten wieder als derjenige manifestieren kann, der er in seiner vorhergehenden Existenz war. Was von letzterer bleibt, ist ein Persönlichkeitskern, der durch Erziehung und Erfahrungen mit neuen Wesenszügen angereichert wird.

Zuweilen offenbaren sich jedoch die »alten« Charakteristika in geradezu unheimlicher Weise. Drei Jahre vor seinem Tod, man schrieb das Jahr 1788, besuchte Wolfgang Amadeus Mozart ebenfalls Leipzig, wo Johann Sebastian Bach bis zu seinem Lebensende gewirkt hatte. In der Thomaskirche hörte er eine Motette des verstorbenen und fast vergessenen Kantors und wurde von dem Werk emotional so ergriffen, daß er sich spontan an die Orgel setzte und zu improvisieren begann.

Sein virtuoses Spiel zeigte eine unglaubliche Wirkung. Ein alter Kirchendiener erschrak fast zu Tode: Er war sich einige Momente lang sicher, sein längst verstorbener Lehrmeister *Bach* sei aus dem Reich der Toten zurückgekommen, um noch einmal auf seiner geliebten Orgel zu spielen.

Vielleicht lag er mit diesem spontanen Eindruck viel näher an der Wahrheit, als ihm dies in seinem grenzenlosen Schrecken bewußt geworden war!

»Ich muß zur Villa Wahnfried«

Genie und Wahnsinn, Erfolge und Krisen, Skandale und maßloser Lebensgenuß – wohl kaum ein Mensch hat diese Gegensätze so konsequent in sich vereinigt wie der durch seine zahlreichen Bühnenwerke unsterblich gewordene Komponist Richard *Wagner* (1813–1883). Schon zu Lebzeiten eine gefeierte Legende, huldigten in unserem Jahrhundert die führenden Größen des Nationalsozialismus ihm und seinen Werken und mißbrauchten sie für ihre Propaganda. Und selbst heutzutage sind die alljährlich in Bayreuth stattfindenden Wagner-Festspiele ein nicht mehr wegzudenkender Teil des kulturellen Lebens.

Lebt Richard Wagner in Bad Krozingen? Pardon, aber die so profan wie verblüffend klingende Frage ist nicht als Scherz gedacht und scheint auch nicht ganz unberechtigt zu sein. Denn dort genießt der ehemalige kaufmännische Angestellte Richard *Kegel* seinen Lebensabend und veröffentlichte in seinem Buch »Richard Wagners Wiedergeburt« einen ebenso erstaunlichen wie detaillierten Bericht über sein mutmaßliches Vorleben als Richard Wagner.

1910, also siebenundzwanzig Jahre nach dem Ableben des berühmten Komponisten geboren, hatte Kegel schon von frühester Jugend an große Begeisterung für die Musik Richard Wagners empfunden. Gerade einmal fünf Jahre alt geworden, machte sich Richard Kegel junior erstmals auf den Weg nach Bayreuth. Seine Familie wohnte damals in Pegnitz in Oberfranken, und er war von zu Hause ausgerissen. Dabei hatte er seinen gleichaltrigen Freund überredet, ihn auf der abenteuerlichen Wanderung zu begleiten. Allzu weit kamen sie nicht, denn wenige Stunden später griffen die Eltern die Jungen auf der Landstraße wieder auf.

Die Erklärung des jugendlichen Ausreißers war ein weiterer Schock an diesem Tag: »Ich muß zur Villa Wahnfried. Ich will auf den Hügel, mein Festspielhaus sehen.« Die Eltern waren entsetzt und verboten ihrem Sohn, noch einmal über »diesen Unsinn« zu sprechen.

Mit acht Jahren lernte Richard Kegel Klavier spielen, und bald kannte er die schwierigsten Partituren der Wagnerschen Opern auswendig. Im Frühjahr 1920 unternahm der Zehnjährige zusammen mit seinen Eltern eine Urlaubsreise in die Schweiz. Als die Familie in Zürich weilte, befiel den Jungen ein furchtbares Gefühl der Niedergeschlagenheit, was nachdenklich stimmen sollte: Richard Wagner hatte dort im Asyl mit seiner Frau Minna und seiner langjährigen Geliebten Mathilde Wesendonk höchst turbulente Zeiten erlebt und Schlimmes durchgemacht.

Sein Gemüt erhellte sich erst, als die Familie an den Vierwaldstätter See kam. In einer prachtvollen Villa in Tribschen hatte Wagner die wohl schönsten Jahre seines Lebens verbracht. Als Richard Kegel vor dieser Villa stand und gedankenverloren auf den See hinausblickte, tauchten bruchstückhafte Erinnerungen auf. Wagner hatte sich 1865 beim Schnitzen in den Daumen geschnitten – Kegel hat seltsamerweise an derselben Stelle eine Narbe unbekannter Herkunft.

Die oben erwähnte Mathilde Wesendonk will Kegel übrigens in seinem jetzigen Leben auch einmal getroffen haben. Während einer Zugfahrt von München zum oberbayerischen Schliersee faszinierte ihn die Begegnung mit einer unbekannten Frau so sehr, daß er deswegen geraume Zeit völlig verwirrt war. Später jedoch will er des Rätsels Lösung auf die Spur gekommen sein: Es sei seine Geliebte Mathilde gewesen, beziehungsweise deren Wiedergeburt in unseren Tagen.

Mit Erfolglosigkeit bestraft?

War er in seiner vorgeblich früheren Existenz als Komponist Richard *Wagner* fast ein Liebling der Götter und Musen, so ist er als Richard *Kegel* in diesem Leben bei weitem nicht so erfolgreich gewesen. Als kaufmännischer Angestellter in einer großen Firma für Unterhaltungselektronik hatte er sich zeitlebens sehr unwohl gefühlt, und seine Pensionierung im Jahr 1971 empfand er wie eine Erlösung. Nun fiel es ihm endlich leichter, »er selbst« zu sein. Mit den Jahren hat er, der sich selbst für einen sehr musischen Menschen hält, über vierhundert Lieder geschrieben, ungezählte Klavierstücke, zahlreiche Ballett-Musiken und sogar fünf abendfüllende Opern komponiert.

In punkto Produktivität steht er seinem berühmten »Vorbild« also kaum nach. Veröffentlicht oder aufgeführt wurde hingegen keines seiner vielen Werke.

Und Kegels Erklärung für diesen nicht zu übersehenden Mißerfolg? »In meinem jetzigen Leben als Komponist werde ich konsequent mit Erfolglosigkeit bestraft, weil ich als Richard Wagner ein solches ›Miststück‹ gewesen war.« So betet er zwar das Talent des großen Komponisten geradezu an, aber den Menschen Richard Wagner sieht er aus sehr kritischer Distanz. Bekanntlich war der Begründer des Bayreuther Festspielhauses sein Leben lang stetig in neue Skandale verwickelt und von Krisen geschüttelt. Seine Ehefrauen Minna und später Cosima, seine Geliebten und auch seine Kinder litten unter der ausschweifenden Maßlosigkeit dieses exzentrischen Genies. Für sie muß es wohl oft die Hölle auf Erden gewesen sein, an der Seite des berühmten Komponisten zu leben.

Vielleicht hat er ja dieses Mal »dazugelernt«, denn in seinem Dasein als Richard Kegel ist er zu der grundlegenden Erkenntnis gekommen: »Alles, was uns in der Gegenwart widerfährt, hat seine Ursachen in der Vergangenheit. Und für unser künftiges Leben und Schicksal legen wir jetzt in der Gegenwart den Grundstein.«

Wie heißt es ebenso banal wie zutreffend im Sprichwort? »Selbsterkenntnis ist der erste Weg zur Besserung.«

Und dies besser spät als nie!

Bei Wiedergeburt Geld zurück!

Eines durch und durch materiellen Aspekts dieser Thematik nimmt sich in jüngster Zeit ein Unternehmen an, das gewissermaßen »Kapital für das nächste Leben« sammelt. Eine höchst sonderbare Blüte, die da austreibt – es bleibt nur zu hoffen, daß es keine Sumpfblüte ist ...

Denn wer von der Möglichkeit der Wiedergeburt überzeugt ist, der kann sich künftig selbst beerben und zu diesem Zweck sein Geld bis zur nächsten Reinkarnation in einer Art Bank deponieren.

Nach eigenen Angaben des weltweit einzigen Unternehmens dieser Art, bietet eine Stiftung mit Sitz in Vaduz, der Hauptstadt des Steuerparadieses Liechtenstein, den Anhängern der Reinkarnationstheorie »Kapital für das zweite Leben«. So sieht es jedenfalls Bernhard T., der Sprecher dieser aus dem üblichen Rahmen fallenden Stiftung.

Das Rezept klingt denkbar einfach: Interessenten müssen noch zu ihren Lebzeiten einen Fragebogen ausfüllen, der eine Vielzahl von Angaben aus dem persönlichen Bereich enthält. Dieser soll dann später – im Fall der Fälle – als Identifikationshilfe dienen. Glaubt schließlich jemand, schon einmal dagewesen zu sein, so kann er sich an die Stiftung wenden. Ein Team von drei Reinkarnationstherapeuten würde sich alsbald auf Spurensuche begeben. Falls diese Therapeuten zu einer einstimmigen (!) Identifizierung kommen – und der Betreffende zuvor auch einbezahlt hat –, erhalte dieser sein Geld zurück.

Die Sache hat jedoch einen nicht zu übersehenden Haken. Wird das Geld nach dreiundzwanzig Jahren nicht eingefordert, so fällt es einem vom Anleger noch zu dessen Lebzeiten notariell festgelegten Zweck zu. Wer also die Absicht hat, dereinst wiederzukehren, der sollte sich tunlichst beeilen!

Wird sich eines Tages der Zeitraum zwischen zwei Reinkarnationen einzig und allein nach der Notwendigkeit bemessen, »seinem« Kapital hinterherzujagen? Doch Spaß beiseite, in diesem System steckt unleugbar auch die Gefahr, daß sich Betrüger am »Eingemachten« gütlich zu tun versuchen. Und vorausgesetzt, einer der Probanden käme tatsächlich in der festgesetzten Zeit wieder: Was tun, wenn dies unglücklicherweise genau auf der entgegengesetzten Seite der Erde geschieht?

Schon werden warnende Stimmen laut. So bezeichnet das bischöfliche Ordinariat Augsburg den Wiedergeburtsgedanken als »absoluten Humbug« und sieht den Menschen als etwas Einzigartiges, das nur einmal lebt.

Trotzdem haben mittlerweile einige Privatleute, in erster Linie reiche Amerikaner und Japaner, großes Interesse bekundet. Die ganze Aktion ist, nebenbei bemerkt, alles andere als billig: Die Mindesteinlage beträgt nämlich stolze zweihunderttausend Deutsche Mark – was die Tatsache bestätigt, daß bekanntlich keine Idee zu absurd ist, um nicht ein paar unverbesserliche Zeitgenossen in ihren Bann zu ziehen.

Mag auch die auf blankem Materialismus begründete Idee des »Ka-

pitals für das kommende Leben« nicht gerade der Weisheit aller-
letzter Schluß sein, so finde ich doch das Urteil der katholischen
Kirche zu der Möglichkeit einer körperlichen Wiederkunft reichlich überzogen. In Deutschland hält laut jüngsten Meinungsumfra-
gen bereits jeder siebte Mitbürger die Existenz der Reinkarnation
für möglich, wenn nicht sogar für wahrscheinlich. Und in anderen
Kulturen, speziell im Fernen Osten, ist man hierfür noch wesentlich aufgeschlossener ...

7

»Ich glaube, daß das Nachdenken darüber, was ist vor und was ist nach uns,
der Motor unseres ganzen Lebens ist.«
Klaus Maria Brandauer

Wenn die Seele auf Wanderschaft geht

Der Dalai-Lama kehrt zurück

Im *Jahr des Wasservogels* starb nach langer Herrschaft Thub-Idan-rgya-mtsho. Er war der dreizehnte Dalai-Lama, das geistliche und weltliche Oberhaupt der Tibeter. Die Zeitrechnung der übrigen Welt schrieb das schicksalhafte Jahr 1933, als der *Gyalwa Rinpoche,* wie der »Gottkönig« von seinen Landsleuten bezeichnet wird, im Potala-Palast auf dem heiligen Tempelberg in Lhasa seine Augen schloß. Sein Tod löste eine lange, mysteriöse Suche nach jenem Kind aus, von dem die Tibeter überzeugt waren, es werde schon bald als der reinkarnierte und rechtmäßige Nachfolger Dalai-Lamas für den Löwenthron geboren.

Seit dem Jahr 1391, als Dge-'dun-grub-pa als erster Gyalwa Rinpoche diesen Thron bestieg, soll sich das tibetische Oberhaupt in einer ununterbrochenen Reihe bis auf den heutigen Tag wiederverkörpert haben. Die für uns so schwer aussprechbaren Namen der in diesem Kontext erwähnten, tibetischen Personen lasse ich im Original stehen – es gibt dafür sowieso keine sinnvollen Synonyme in unserer Sprache.

Bis der neue, der vierzehnte Dalai-Lama gefunden war, übernahm nun ein »Interimsregent« die politisch-religiöse Führung des Hochlandes auf dem »Dach der Welt«. Die hohen Lamas, die ihren neuen »Gottkönig« ausfindig machen mußten, befragten ihre seit altersher bewährten Orakel und hielten nach kommenden Hinweisen und Vorzeichen Ausschau. Die ersten Anzeichen lagen indes recht nahe: Der gerade Verstorbene war, sein Gesicht südwärts gerichtet, in einem pavillonartigen Heiligtum des Potala-Palastes auf einen Thron gesetzt worden. Nur wenige Tage später hatte sich das Gesicht des Toten in östliche Richtung geneigt, und ein großer, sternförmiger Pilz war auf einem hölzernen Pfeiler an der Nordostecke des Pavillons gewachsen. Was hatte das zu bedeuten?

Für die Vertreter des Hofstaates und die religiösen Würdenträger wiesen diese beiden Omen zweifelsfrei darauf hin, daß jener kleine Junge, in dem sich die Seele des verstorbenen Gyalwa Rinpoche reinkarnieren würde, exakt in nordöstlicher Richtung von Lhasa zu finden sei. Es mußten aber noch weitere Anzeichen gesichert werden, um die Suche nach ihm besser eingrenzen zu können.

Deshalb reiste der Regent 1935 zum heiligen See *Lhamo Latso,* in der Hoffnung, beim meditativen Betrachten der Wasseroberfläche eine Vision zu erleben. Für die Tibeter ist dieser See eine wichtige Orakelstätte, vergleichbar mit dem altgriechischen Delphi. Der erste Dalai-Lama hatte an den Ufern des Sees eine Vision, die ihm mitteilte, daß die Göttin Pandan Lhamo alle seine zukünftigen Inkarnationen unter ihren Schutz stellen würde.

In geheimer Mission erfolgreich

Als der Regent einige Tage lang gebetet und intensiv meditiert hatte, sah er vor seinem geistigen Auge ein Kloster mit jadegrünen und goldenen Dächern sowie ein Haus mit türkisfarbenen Ziegeln. Er konnte dieses Haus, dessen Umgebung und sogar den Hund der dort lebenden Familie erkennen und sehr genau beschreiben. Diese Vision des Interimsherrschers half den hohen Lamas und anderen Würdenträgern, die sich als getarnte »Suchtrupps« auf den Weg gemacht hatten und den ganzen Landesteil im Nordosten von Lhasa absuchten, entscheidend weiter. Immerhin hatte man jetzt einige Anhaltspunkte, welche die örtlichen Gegebenheiten genau beschrieben.

1936, drei Jahre nach dem Tod des dreizehnten Dalai-Lama, fand ein Suchtrupp nach langem Herumziehen schließlich den Ort, auf den alle Einzelheiten der Vision ihres Regenten am Bergsee zutrafen. Es waren die grünen und goldenen Dächer des Klosters Kumbum sowie ein Haus mit türkisfarbenen Ziegeln im nahegelegenen Dörfchen Taktser. Der Ort befand sich tatsächlich in nordöstlicher Richtung der Hauptstadt Lhasa. Aber, was noch weitaus wichtiger war: In dem Haus lebte ein Ehepaar mit einem Jungen, der knapp zwei Jahre alt war.

So besuchte die Gruppe die Familie, ohne jedoch den wirklichen Grund für ihr Kommen preiszugeben. Losang Tsewang, ein jüngeres Mitglied des Suchtrupps, gab sich dabei als Regent des Landes aus. Der wirkliche Führer aber – der Lama Kewtsang Rinpoche – hatte sich bescheiden wie ein unbedeutender Diener gekleidet und hielt sich während dieser ersten Kontaktaufnahme beobachtend zurück.

In seiner Autobiographie *My Land and my People* (»Mein Land und mein Volk«) beschrieb der spätere Vierzehnte Dalai-Lama diesen Besuch: »Meine Eltern empfingen die Fremden an unserer Pforte und baten Losang, welchen sie für den Herrn hielten, in das Haus. Der verkleidete Lama aber und die anderen wurden in die Räume der Dienstboten geführt.« Dort entdeckten sie den Zweijährigen. Als der kleine Junge den Lama sah, lief er erfreut auf ihn zu und begehrte auf dem Schoß des Würdenträgers zu sitzen. Zur Verkleidung trug der Lama einen abgetragenen Lammfellmantel über seinen Gewändern. Doch um den Hals trug er einen Rosenkranz, der dem verstorbenen dreizehnten Dalai-Lama gehört hatte. Es schien, als würde das Kind diesen sofort wiedererkennen, denn es griff, ohne zu zögern, danach und wollte ihn unbedingt wiederhaben. Der Lama Kewtsang Rinpoche versprach dem Jungen den Rosenkranz, wenn er ihm sagen könne, wer er sei. Daraufhin erwiderte der Kleine, er sei *Sera-aga,* was in dem dort üblichen Dialekt so viel bedeutet wie »ein Lama von Sera.«

Lama Kewtsang Rinpoche stammte tatsächlich aus dem Kloster von Sera. Der kleine Junge unterhielt sich ausführlich mit ihm, indem er zahlreiche Ausdrücke aus der offiziellen Hofsprache Tibets benutzte. Aber niemand in der Familie des Kindes vermochte sich in dieser gewählten Hofsprache auszudrücken, noch wurden einzelne Ausdrücke davon im Umfeld der Familie gesprochen.

Noch ein Orakel, noch mehr Prüfungen

Der Lama verbrachte den ganzen Tag mit dem kleinen Jungen und beobachtete diesen mit zunehmendem Interesse. Alle Teilnehmer des Suchtrupps blieben über Nacht im Haus der Familie. Als sie früh am nächsten Morgen aufbrechen wollten, war auch der kleine Junge hellwach, kletterte aus seinem Bett und bat sie zu warten, da er mit ihnen gehen wollte.

Doch hierfür war die Zeit noch nicht reif. Um endgültig sicherzugehen, konsultierte der Regent vorsichtshalber noch das Orakel von Nachung. Hinter diesem Orakel steht gleichfalls eine Gottheit, die – wie seinerzeit Pandan Lhamo am Bergsee Lhamo Latso – das Versprechen gegeben hatte, für die Reinkarnationen des Gyalwa Rinpoche Sorge zu tragen. Auch dieses Orakel bestätigte zweifelsfrei die Nachforschungen im Dorfe Taktser. Da jedoch die Anhänger eines rivalisierenden Anwärters auf den Thron des Dalai-Lama argwöhnten, das Orakel von Nachung könnte parteiisch sein, einigte man sich nach längeren Verhandlungen darauf, einen weiteren Test durchzuführen. Man bat das Orakel um die Beantwortung einer Reihe von Fragen, die es nicht sehen konnte, da diese auf versiegelten Schriftrollen niedergeschrieben waren. Selbst diesen Test bestand das Orakel mit Erfolg, was die Gruppe endgültig in ihrer Überzeugung bestärkte.

Noch einmal kam jene Abordnung, welche die Familie des Jungen besucht hatte, zusammen, um weitere Prüfungen durchzuführen. Dabei konnten sie beobachten, wie das Kind unter verschiedenen Rosenkränzen den »richtigen« auswählte sowie auf eine Trommel und einen Stock zeigte, die dem verstorbenen Dalai-Lama gehört hatten.

Nach langwierigen Beratungen und sorgsamer Abwägung waren sich endlich alle Teilnehmer der Suchaktion einig. Man hatte den neuen Gaylwa Rinpoche gefunden, den vierzehnten Dalai-Lama, geistliches und weltliches Oberhaupt der Tibeter. So wurde der kleine Junge schließlich im Jahre 1939 in Begleitung einer Karawane von fünfzig Menschen und dreihundertfünfzig Pferden und Maultieren nach Lhasa gebracht. Die Versammlung der Priester befand, daß »die mühevolle Suche nach dem neuen Gyalwa Rinpoche in Übereinstimmung mit dem Rat der obersten Orakel und Lamas stattgefunden habe, und mit den Hinweisen des dreizehnten Gyalwa Rinpoche auf den Ort, wo dieser wiedergeboren zu werden wünschte«.

Am vierzehnten Tag des ersten Monats im *Jahre des eisernen Drachen* – dem Jahr 1940 nach unserer Geschichtsschreibung – wurde der Knabe als *Bstan'dzin-rgya-mtsho* auf den Löwenthron im Potala-Palast gesetzt, als neuer Herrscher des Landes auf dem Dach der Welt. Die Jahre des Interims, jener Zeitspanne zwischen zwei Wiederverkörperungen Dalai-Lamas, waren nach Ablauf der Feierlichkeiten beendet.

Bereits zum wiederholten Male hatten es die östlichen Nachbarn Tibets, die Chinesen, auf das kleine Land abgesehen und beabsichtigten es in das eigene Riesenreich einzuverleiben. So auch 1950, ein Jahr nach der Gründung der Volksrepublik China durch Mao Zedong. In diesem Jahr marschierte seine »Volksbefreiungsarmee« in Tibet ein, konnte allerdings nicht den erhofften schnellen Sieg erringen, da sich die Bewohner noch jahrelang gegen ihre ungebetenen Besatzer auflehnten. Erst 1959 wurde der Staat Tibet endgültig besiegt. Und der Dalai-Lama sah sich gezwungen, mit seinen wichtigsten Gefolgsleuten ins Ausland zu emigrieren.

Um diesen Exodus ranken sich zahlreiche seltsame Berichte, ereigneten sich doch einige geradezu bizarre Vorfälle. Als der Gyalwa Rinpoche mit seinen Begleitern den rettenden Gebirgspaß erreichte, der nach Indien führt, hüllte plötzlich ein wie aus dem Nichts erschienener, unnatürlich dichter Nebel die ganze Gegend ein. Die sich im Anflug befindlichen Suchflugzeuge der Chinesen mußten unverrichteter Dinge wieder umkehren. Am Boden deckte ein heftiger, genauso unvermittelt einsetzender Schneesturm alle Fußspuren zu und vereitelte die Gefangennahme des Dalai-Lama durch die ihn verfolgenden Soldaten.

Gefahrlos konnte er die Grenze überwinden und ging ins Exil nach Dharamsala im Norden der Indischen Union, das er seiner Freundschaft mit dem damaligen Premierminister Jawaharlal Pandit *Nehru* (1889–1964) verdankt. Dort residiert er noch heute, und er kann dabei auf die Verehrung und Unterstützung von bis zu hunderttausend Tibetern zählen, die in Flüchtlingslagern das indische Exil mit ihm teilen. Und noch immer ist dem Gyalwa Rinpoche die Rückkehr in die Heimat und zu seinem Volk verwehrt.

Soviel auch zu seinem nicht eben ungetrübten Verhältnis zur Regierung der Volksrepublik China, die Tibet seit 1959 als »Autonome Region Xizang« zu ihrem Territorium rechnet. Dieses scheint zum besseren Verständnis einiger Konsequenzen, welche die im folgenden geschilderten Vorkommnisse nach sich ziehen, nicht unwichtig zu sein.

Karmapa: Ein Film dokumentiert das Unglaubliche!

Für den tibetischen Buddhisten ist der Mensch die »Schnittstelle« zwischen seiner unsterblichen geistigen Komponente und dem Produkt seiner Eltern.

Im tibetischen Buddhismus ist der *Gyalwa Karmapa* neben dem geistlichen und weltlichen Herrscher, dem Dalai-Lama, die höchste Autorität in der Glaubenswelt. Er gilt als die wahre Wiedergeburt Gautama Buddhas, des »erleuchteten Boddhisattva«. Die Linie der Karmapas ist die längste ununterbrochene Inkarnationsfolge Tibets. Seit Dusum Khyenpa (1110–1193), dem ersten Gyalwa Karmapa, hält sie schon fast neunhundert Jahre an. Keine andere Linie ist so alt und wurde so kontinuierlich und exakt dokumentiert. Selbst der Dalai-Lama respektiert den Karmapa als älteste aller bewußten Inkarnationen.

Der sechzehnte Karmapa, Rangjung Rigpa Dorje, starb 1981 in Zion bei Chicago. »Er hatte das Los des Krebses auf sich genommen, um den Gläubigen in einer neuen Inkarnation seine Wiederkehr zu beweisen«, sagten seine Anhänger. Es war stets üblich, daß jeder Gyalwa Karmapa vor seinem Tod deutliche Hinweise auf seine Wiedergeburt gibt. Mit einem Brief, in dem er die Namen von Vater und Mutter jenes Kindes, in dessen Körper er wiederzukommen gedachte, sowie das Geburtsjahr und den Bezirk im Osten Tibets deutlich genannt hatte, verabschiedete sich der sechzehnte Gyalwa Karmapa von dieser Welt.

Sitten und Gebräuchen folgend, übernahmen nach seinem Ableben sogleich vier *Linienhalter* die geistlichen Geschicke. Diese tragen, wie der Interimsregent im Falle des Dalai-Lama, in der Zeit zwischen den Inkarnationen die Verantwortung des Verstorbenen. Einige Zeit nach seinem Tod öffneten sie den Brief mit den Hinweisen, die Karmapa gegeben hatte, und verlasen das Testament der Wiederverkörperung Buddhas auf Erden. Daraufhin machte sich Jamgan Kontrul Rinpoche, der ranghöchste der vier Linienhalter, mit seinem Wagen auf den Weg nach Osten, um die Spur der Wiedergeburt Karmapas aufzunehmen. Doch weit kam er nicht. Als eine Schar Vögel unerwartet auf der Fahrbahn auftauchte, versuchte er noch auszuweichen, verlor dabei die Kontrolle über sein Fahrzeug und starb noch an der Unfallstelle

Im Jahre des Ochsen geboren

Die Suche nach dem neuen Karmapa war durch dieses Unglück um viele Monate zurückgeworfen worden.

Wenden wir uns nun kurz einem anderen Schauplatz zu. Am 25. Juli 1985 wurde der Frau eines einfachen Nomaden auf der Hochebene Osttibets ein Sohn geboren: *Urgyen Thinley Dorje.* Die ersten Jahre seines Lebens wuchs er im Zelt auf, lernte aber bereits sehr früh und gut mit dem harten Dasein in dieser Region klarzukommen. Die strenge Kälte der langen Winter in dieser kargen und unwirtlichen Gegend macht das Überleben nicht gerade einfach. Zumeist gibt es nur ranzig schmeckenden Buttertee, der den Wanderhirten Kraftspender, Erwärmung und Heilmittel zugleich ist.

In der Zwischenzeit war es unter den Linienhaltern *(Tulkus)* des sechzehnten Gyalwa Karmapa zu einem heftigen Streit gekommen. Einer der verbliebenen drei erkannte mit einem Mal die Echtheit des hinterlassenen Briefes mit den Hinweisen auf die Wiederverkörperung Karmapas nicht mehr an. Doch die beiden nunmehr letzten Vertreter Karmapas gaben nicht auf, und machten sich auf die Suche nach ihrem wiedergeborenen Meister. Zeitgemäß ausgerüstet mit modernen Allrad-Jeeps, aber wie ihre Vorfahren inkognito reisend, setzten sie ihre Nachforschungen fort.

Atemberaubende Landschaften auf dem »Dach der Welt« bildeten die Kulisse für die ungewöhnliche Aktion. Vom erfolgreichen Ausgang ihrer Mission waren sie ohnehin überzeugt. Schließlich ringt es jedem tibetischen Buddhisten höchste Bewunderung ab, wenn der Geist solch eine Macht über den Tod zeigt, daß er gezielt in einem anderen Körper wiederkehrt.

Peking erkennt den Karmapa an!

Die Aussicht, letztendlich auf Karmapas neue Inkarnation zu stoßen, lohnte die langwierige und nicht selten lebensgefährliche Expedition.

Mehr noch: Zum erstenmal können wir einen Menschen im Kino in *zwei Leben erleben!* Denn über die komplizierte und zeitraubende Suche und das zu guter Letzt erfolgreiche Auffinden des neuen Gyalwa Karmapa berichtet der deutsche Dokumentarfilmer *Clemens Kuby* in seinem Epos »Living Buddha«. Dabei vermittelt er uns mit einer seltsamen Klarheit das Gefühl, dabeigewesen zu sein. Selbst kritische Geister schweigen bei diesem Meisterwerk, das so dicht an der Realität ist, daß alles bereits wieder unglaublich anmutet. Sieben Jahre arbeitete der Regisseur an dem Film, und die Arbeit hat sich mehr als gelohnt.

Über ein kleines »Experiment« mit bemerkenswertem Resultat berichtet Filmemacher Clemens Kuby: »In einem Zelt hatten sie einen Fernsehapparat nebst Videorecorder aufgestellt, selbstverständlich von einem Notstrom-Aggregat betrieben, denn in Tsurphu gibt es noch keinen elektrischen Strom. Ich hatte meinen Videofilm ›Tsurphu – Home of the Karmapa‹ dabei. Darin kommt eine Passage mit dem sechzehnten Karmapa vor, die aus dem Film ›Lions Roar‹ stammt. Ich dachte mir noch, was wird er wohl für ein Gesicht machen, wenn er plötzlich seiner vorhergehenden Inkarnation auf dem Bildschirm begegnen würde? So brachte ich meine beiden Kamerateams unauffällig in die richtige Position und schärfte ihnen ein, drehbereit zu sein – komme, was wolle! Dann legte ich wortlos die Kassette ein.

In jenem Augenblick, als der sechzehnte Karmapa auf dem Bildschirm erschien, reagierte der kleine Urgyen Thinley Dorje wie elektrisiert. Gespannt beugte er sich vor und betrachtete mit wahrhaft selbstvergessener Intensität die Zeremonie, die da vor seinen Augen ablief. Und es wurde ganz deutlich, daß ihm zwar die laufenden Kameras bewußt waren, er sich jedoch vollkommen spontan verhielt. Er machte eine Geste zu uns herüber, die so aussah wie: ›Da, seht her! Der Karmapa! *Das* ist es, worum es geht!‹ Und wann immer ich diese Szene am Schneidetisch wiederholte, entstand stets derselbe Eindruck. Der Eindruck einer überwältigenden und vollkommen erwachten Bewußtheit.«

Am 27. September 1992 – der neue Karmapa war inzwischen sieben Jahre alt – wurde er im Kloster Tsurphu inthronisiert. Die letzten Zweifel an seiner Identität waren ausgeräumt, denn sogar der vierzehnte Dalai-Lama hatte ihn offiziell als die wahre Wiedergeburt anerkannt. Für die pikanteste Pointe jedoch sorgte die hohe Politik: Zu den Feierlichkeiten schickte Peking einen hohen Minister samt seinem Stab von Funktionären. Die Zentralregierung erkannte Karmapa damit gleichfalls offiziell an, »legalisierte« somit die Anerkennung durch den Dalai-Lama. Die politischen Konsequenzen sind noch weitreichender: Indirekt erkannten die Chinesen – nach über fünfunddreißig Jahren im Exil – auch die Autorität des vierzehnten Dalai-Lama an und ebenso die Tradition der bewußten Reinkarnation, die nun nicht mehr als Aberglauben unter Strafe gestellt werden kann!

Buddha lebt in Tibet. 1998 ist er dreizehn Jahre alt und nennt sich »Der 17. Gyalwa Karmapa«. Noch viermal soll er, der Prophezeiung gemäß, wiederkehren. Denn in der seit beinahe neunhundert Jahren ununterbrochenen Reinkarnationslinie sind insgesamt einundzwanzig Wiederkünfte vorausgesagt. Dann – so die Bestimmung – sei sein irdischer Weg erfüllt.

Die Wunder des Sai Baba

Dem im Jahre 1926 geborenen *Sathyanarayana Raju*, der sich als die Reinkarnation des 1918 verstorbenen Hindu-Heiligen *Sai Baba* bezeichnet, eilt ein reichlich ungewöhnlicher Ruf voraus: Er könne die verschiedensten Gegenstände und Nahrungsmittel buchstäblich »aus dem Nichts« entstehen lassen, Kranke heilen und selbst Tote zu neuem Leben erwecken. Ist er ein Betrüger, ein Scharlatan, oder was ist an den Taten dieses spektakulären indischen Mystikers dran?

Seine Geschichte dreht sich um Wunder – und selbstverständlich um Wiedergeburt.

Ein kleiner, untersetzter Mann mit krausem, schwarzem Haar, bekleidet mit einem leuchtend roten Gewand steht sanft lächelnd vor einer dichtgedrängten Menschenmenge. Er streckt eine Hand aus, wendet diese nach unten und beginnt, sie kreisförmig zu bewegen. Als er die Hand wieder umdreht, hält er eine goldene Halskette darin fest. Die Menge jubelt begeistert: Sathya Sai Baba hat wieder einmal eines seiner Wunder vollbracht. Denn die gerade materialisierte Kette ist nur einer von mittlerweile über zehntausend Gegenständen, die immer wieder »aus dem Nichts« zu ihm kommen.

Ohne Taschenspielertricks läßt er Goldringe, Perlen, Bücher, Götterbilder und Nahrungsmittel auf ebenso spektakuläre wie unerklärliche Weise entstehen. Die Parapsychologen nennen solche Erscheinungen »Apporte«, erklären können sie dieses Phänomen jedoch nicht.

Diese Wunder erscheinen so unglaublich, daß sie die Skeptiker in aller Welt provozieren, ja buchstäblich vor den Kopf stoßen. Doch zahllose vertrauenswürdige Augenzeugen – darunter promovierte Wissenschaftler, Professoren verschiedener Universitäten und Forschungsgesellschaften – haben die Realität dieser Phänomene glaubhaft bestätigt.

Der am 23. November 1923 geborene Sathyanarayana Raju war bereits von Geburt an ein außergewöhnlicher Mensch. Zeugen berichteten, daß in Sathya Sai Babas Geburtshaus in Puttaparthi, hundertachtzig Kilometer nördlich von Bangalore gelegen, an diesem Tag Musikinstrumente ertönten, wie von unsichtbarer Hand gespielt. Auch habe man eine Kobra – in der indischen Tradition gilt dieses tödlich giftige Reptil als göttliches Symbol – unter dem neugeborenen Kind gefunden.

Später verblüffte er seine Eltern mit der hartnäckigen Weigerung, Fleisch zu essen. Dafür brachte er fast täglich Bettler mit nach Hause, die in der Küche etwas zu essen bekommen sollten. Und bereits in der Schule begeisterte er seine Kameraden mit der Fähigkeit, aus leeren Taschen Süßigkeiten, Bleistifte oder Spielsachen zu materialisieren.

Trotz dieser zweifellos ungewöhnlichen Veranlagungen gaben die Eltern die Hoffnung nicht auf, ihr Sohn könne eine qualifizierte Ausbildung machen und später als Regierungsbeamter arbeiten. Doch in der Folge geschahen noch mehr seltsame Ereignisse mit dem Heranwachsenden.

Der Junge saß gerade mit einigen Freunden zusammen, als er plötzlich hochsprang und sich heftig die Zehen seines rechten Fußes rieb. Alle Anwesenden befürchteten schon, Sathyanarayana wäre von einem Skorpion gestochen worden. Doch nichts dergleichen war passiert, und es stellte sich in der Folge auch keines der hierfür typischen Symptome, wie beispielsweise hohes Fieber, ein. Alles schien wieder in Ordnung ...

Am Abend desselben Tages fiel er in eine tiefe Bewußtlosigkeit. Eltern und Freunde befürchteten bereits das Schlimmste. Aber als er nach bangen Stunden des Wartens und Hoffens am darauffolgenden Tag die Augen wieder aufschlug, da war er wie verwandelt. Er sang und rezitierte lange, heilige Passagen aus uralten Sanskrittexten – alles Dinge, die weit über seinen damaligen Wissensstand hinausgingen.

Die beunruhigten Eltern suchten nun bei verschiedenen Ärzten Rat. Doch diese verschrieben in ihrer Ratlosigkeit immer nur Heilmittel, die keine Wirkung zeigten. Nichts half, und Sathyanarayana wiederholte immer wieder, einer Gebetsmühle gleich, seine alten Sanskrittexte.

Bald glaubten die besorgten Eltern, ihr Sohn wäre von einem bösen Dämon besessen, und baten um geistliche Hilfe. Ein Exorzismus wurde eingeleitet, doch auch diese nicht ungefährliche Prozedur erwies sich als vergeblich. Einige Zeit später, während sein Vater bei der Arbeit war, rief Sathyanarayana die restliche Familie, ein paar Nachbarn und Freunde zu sich. Vor deren Augen winkte er mit der Hand und brachte wie aus dem Nichts Blumen und Süßigkeiten hervor. Die Nachricht von dem »Wunder« ging in der Stadt herum wie ein Lauffeuer.

Sathyanarayanas ungewöhnliches Schauspiel blieb dem Vater natürlich nicht verborgen. Darum stellte er seinen Sohn am Abend zur Rede: »Das ist zuviel, genug damit! Was bist du, sprich? Ein Geist, ein Gott oder nur ein fürchterlicher Narr?«, schrie er außer sich vor Erregung und Zorn.

Der Junge aber blieb ruhig und antwortete: »Ich bin *Sai Baba.* Ich bin gekommen, um euch eure Sorgen zu nehmen. Haltet eure Häuser sauber und rein!«

Mit dieser unerwarteten Antwort konnte niemand etwas anfangen. Die alteingesessene Kaufmannsfamilie Raju kannte niemanden mit dem Namen *Sai Baba.* Also befragte man die Nachbarn, Freunde und schließlich die anderen Leute im Ort. Einige hatten tatsächlich von einer Person mit diesem Namen gehört. Und zwar handelte es sich um einen legendenumwobenen Heiligen, der – von Hindus und Moslems gleichermaßen verehrt – viele Wunder vollbracht und auch zahlreiche Kranke geheilt haben soll. Dieser besagte Sai Baba lebte in Shirdy, einer kleinen Stadt, etwa hundertfünfzig Kilometer östlich von Bombay gelegen. Dort starb er im Jahre 1918, nachdem er seinen Anhängern prophezeit hatte, daß er bald wiedergeboren werden würde.

Damit hätte sich diese Verheißung acht Jahre später mit der Geburt Sathyanarayana Rajus erfüllt.

Von dem Jungen wurden fortan natürlich immer wieder Beweise für die Echtheit seiner »neuen Identität« gefordert. »Bringe mir diese Jasminblüten dort«, verlangte Sathyanarayana von einem Kritiker und warf diese dann schwungvoll in die Luft. Die einzelnen Blüten fielen so, daß sie den Namen *Sai Baba* deutlich lesbar auf dem Boden bildeten. Noch heute fordert der heilige Mann diejenigen, die eigene Nachforschungen und nüchterne Vernunft jeglicher

Art von blindem Glauben vorziehen, dazu auf, zu ihm zu kommen und ihn kritisch zu prüfen.

Im Lauf der Zeit traf er sich wiederholt mit einigen Anhängern des verstorbenen Sai Baba aus Shirdy. Es war jedesmal ein echtes Wiedersehen, und er erkannte seine einstigen treuen Weggefährten ohne Ausnahme wieder. Reichte man ihm Fotografien, so vermochte er sofort den Namen der darauf abgebildeten Person zu nennen. Zu der Fotografie eines Mannes sagte er, es würde sich um den Onkel jenes Mannes handeln, der ihm das Foto überreicht hatte: »Es ist deines Vaters älterer Bruder, mein getreuer Anhänger aus Shirdy.«

Vielen seiner Gefolgsleute ist es eigentlich völlig gleichgültig, ob Sri Sathya Sai Baba nun tatsächlich die Reinkarnation des 1918 verstorbenen Sai Baba ist oder nicht. Die zahllosen Wunder, die er noch immer regelmäßig vollbringt, bedeuten für sie Beweis genug für seine außergewöhnlichen Fähigkeiten. Ein gerne und häufig wiederholtes Wunder ist die spontane Materialisation von *vibhuti,* sogenannter »heiliger Asche«. Sathya Sai Baba scheint diese direkt aus der Luft zu »schöpfen«, und streut sie dann in die Hände seiner faszinierten Gefolgsleute. Oder er läßt die »heilige Asche« aus einer umgedrehten, leeren Urne »regnen«, in die er zuvor lediglich seine leere Hand hineingesteckt hat. Diese mysteriöse Substanz soll schon zahlreiche Krankheiten und Leiden geheilt haben.

Aber besonders die Materialisation von Gegenständen ruft bei Skeptikern immer wieder die stärksten Zweifel hervor. Nach deren Meinung könnten selbst halbwegs geschickte Bühnenzauberer Gegenstände scheinbar aus dem Nichts hervorbringen. Sathya Sai Babas Wunder sind jedoch zuweilen von einem ganz anderen Format. Ab und zu bittet er die Umstehenden, ihre Wünsche zu äußern – um diese gewünschten Dinge dann spontan aus der Luft zu »pflücken«, oder aus den »Sai-Läden« – so pflegt er scherzhaft jene unsichtbare Dimension zu nennen, aus der jene Gegenstände auftauchen.

Den amerikanischen Schriftsteller Howard Murphet (»Sai Baba-Man of Miracles«) fragte er einmal nach dessen Geburtsjahr, um ihm anschließend eine im selben Jahr geprägte Münze aus dem Nichts zu beschaffen. Sathya Sai Baba begann, mit seiner nach unten gedrehten Hand Kreise zu ziehen. Dabei murmelte er: »Es kommt, gleich kommt es ... hier ist es!« Er hielt Murphet die Hand entgegen und ließ etwas Schweres und Goldenes in dessen Hand fallen. Bei näherer Betrachtung stellte der Schriftsteller fest, daß es sich um eine echte 10-Dollar-Münze handelte, auf der sein Geburtsjahr eingeprägt stand.

Und Dr. Karlis Osis, Mitglied der *American Society for Psychical Research* schrieb, nachdem er zwei Reisen nach Indien unternommen hatte, um Sai Babas Wunder und Fähigkeiten zu beobachten und zu dokumentieren: »Ich bin seit fünfundzwanzig Jahren aktiv in der Forschung tätig, doch nirgendwo habe ich Phänomene gefunden, die so klar und überzeugend auf eine spirituelle Wirklichkeit verweisen, wie es die täglichen Wunder Sri Sathya Sai Babas tun.«

Ein Toter steht wieder auf

Selbst medizinisch nicht nachvollziehbare »Erweckungen« von Verstorbenen werden dem geheimnisumwobenen Mann nachgesagt. An die Grenzen dessen, was wir als »gesunden Menschenverstand« zu bezeichnen pflegen, stößt die Geschichte von V. Radhakrishna, einem damals etwa sechzigjährigen Fabrikbesitzer, denn sie ist medizinisch absolut nicht erklärbar!

Besagter Radhakrishna suchte Sai Baba 1953 in Puttaparthi in der Hoffnung auf, von seinen quälenden Magengeschwüren geheilt zu werden. Bei seiner Ankunft bekam er ein Zimmer zugeteilt und erwartete den Besuch Sai Babas. Als dieser dann erschien, jedoch nur lachte, anstatt ihn zu heilen, sagte Radhakrishna, lieber würde er sterben, als weiterhin so zu leiden. Sai Baba verließ daraufhin das Zimmer, ohne dem Mann irgendwelche Versprechungen auf Heilung zu machen.

Diesem ging es zunehmend schlechter, und er verfiel in ein tiefes Koma. Als Sai Baba davon erfuhr, beruhigte er die Frau des Kranken: »Sorge dich nicht, alles wird gut!« Als aber auch am folgenden Tag noch keine Besserung eingetreten war, zog Radhakrishnas Schwiegersohn einen Krankenpfleger zu Rate. Dieser war überzeugt, daß der Patient bereits im Sterben lag. Und eine Stunde später fühlte sich Radhakrishna schon kalt an, und er röchelte nur noch ganz schwach.

Am Morgen des dritten Tages schien alles verloren. Sein Körper hatte sich bereits dunkel verfärbt, war eiskalt und begann merklich nach Verwesung zu riechen. Kein Lebenszeichen war mehr festzustellen. So rieten alle der verzweifelten Familie, den Leichnam endlich fortzuschaffen und baldmöglichst Vorbereitungen für die Bestattung zu treffen. Radhakrishnas Frau überbrachte Sai Baba die traurige Nachricht, doch dieser beruhigte sie abermals: »Höre nicht auf sie und ängstige dich nicht, denn ich bin noch da.«

Daraufhin ging Sai Baba in das Zimmer des Verstorbenen und forderte die trauernde Familie auf, zu gehen. Eine ganze Zeitlang blieb Sathya Sai Baba mit dem Toten im Zimmer. Dann öffnete er die Tür und rief die Trauernden wieder herein. Für die Angehörigen war das Unglaubliche geschehen: Der Totgeglaubte war wach und lächelte seine Familie an. Schon am nächsten Tag konnte er wieder aufstehen, und auch seine Magengeschwüre waren verschwunden!

Sai Baba selbst bezeichnet seine paranormalen Fähigkeiten eigentlich als pure Nebensächlichkeit: »Wunder«, so sagt er, »haben an sich keinen eigentlichen Wert, doch die Erfahrung eines Wunders erschüttert die Menschen, so daß diese aus ihrer Selbstzufriedenheit aufgeweckt werden.« Denn seine vordringlichste Aufgabe sei es, den Menschen seine spirituellen Lehren näherzubringen, die gesamte Menschheit von Gewalt und Haß zu befreien und zu Frieden, Mitgefühl und zu einem höheren Bewußtsein zu führen.

Sathya Sai Baba beschreibt dieses Ziel so: »Ich gebe dir, was du wünschst, damit du das wünschen mögest, was dir zu geben mein Anliegen ist. Und das ist, den nuklearen Holocaust zu verhindern.«

Hier stellt sich abschließend die Frage, ob die beiden Inkarnationen als *Sai Baba von Shirdy* und als *Sri Sathya Sai Baba* ausreichen, um dieses hohe Ziel zu erreichen. Nun, er hat bereits angekündigt, daß er im einundzwanzigsten Jahrhundert als *Prema Sai* wiedergeboren wird, um seine irdische Mission endlich zu vollenden.

Warten wir ab. Vielleicht werden wir in einigen Jahren Zeugen dieser erneuten Reinkarnation. Einige von uns könnten dann die sensationelle Erfahrung machen, denselben Menschen in zwei aufeinanderfolgenden Leben zu *er-leben* …

8

Eingebrannte Zeichen

Wunden aus einem früheren Leben?

Seit vielen Jahren ist Professor Dr. Ian *Stevenson* der Direktor der Abteilung für Parapsychologie an der medizinischen Fakultät der Universität des US-Staates Virginia. Noch heute gilt er unangefochten als *die* Kapazität auf dem Gebiet der Reinkarnationsforschung. Und sein spektakuläres Buch *Twenty Cases Suggestive of Reincarnation* (»Zwanzig beispielhafte Fälle für Wiedergeburt« – der deutsche Titel lautet schlicht und einfach *Reinkarnation*) war wegbereitend für alle nachfolgenden Experimente und Forschungen auf diesem Fachgebiet in der Grauzone zwischen Medizin und Psychologie.

Eines Tages erhielt der Professor per Luftpost einen Brief, der aus dem fernen Benares (Indien) an ihn adressiert war und dessen sensationeller Inhalt den Gelehrten regelrecht elektrisierte. Ein Knabe sei ermordet worden, stand in dem Schreiben. Doch sechs Monate später sei in einer anderen Familie ein Junge mit einem höchst merkwürdigen »Muttermal« geboren worden. Dieses seltsame Mal habe die Form einer gezackten Linie, sei ungefähr zwei englische Zoll (etwa fünf Zentimeter) lang und befände sich haargenau an jener Stelle am Hals, an der die Mörder seinerzeit den Kopf des anderen Kindes vom Rumpf abgetrennt hätten.

Kaum daß das Kind zu sprechen begonnen hatte, ließ es verlauten, wie und durch wen es in seiner vorhergehenden Existenz ums Leben gebracht wurde. Es berichtete nicht nur detailliert über die grausige Tat, es erkannte sogar die Mörder auf der Straße wieder, die das Gericht mangels Beweisen jedoch wieder hatte laufen lassen müssen. Mit sichtlicher Erregung schrie das Kind beim Anblick dieser Männer: »Sie haben mich damals umgebracht!«

Alle Zeichen dieses Falles deuteten auf den ersten Blick darauf hin, daß tatsächlich eine Wiedergeburt vorlag, daß also die Seele des Verstorbenen in neuer Gestalt auf diese Erde zurückgekehrt ist. Der eingangs zitierte Brief an Professor Stevenson stammte auch nicht von einem Laien. Sein Absender war kein Geringerer als Dr. B. L. Atreya, Professor für Philosophie an der Universität von Benares, mithin ein Gelehrter von internationalem Ruf.

Ein Drama nimmt seinen Lauf

So entschloß sich Stevenson spontan, nach Indien zu fliegen, um vor Ort weitere Nachforschungen anzustellen. In Begleitung von zwei Wissenschaftlern fuhr er in das Provinzstädtchen *Kannauj,* im Bundesstaat Uttar Pradesh gelegen, wo der im Brief geschilderte Mord an einem Knaben namens *Munna Prasad* geschehen war. Stevenson vernahm dazu zahlreiche Zeugen und sah amtliche Dokumente ein. Vor seinen Augen begann sich ein unglaubliches Drama abzuzeichnen, das am 19. Januar 1951 seinen unheilvollen Lauf nahm.

Schon seit dem frühen Morgen dieses Tages wurde Jageshwar Prasad, der Vater des sechsjährigen Munna, das unheimliche Gefühl einer drohenden, schrecklichen Gefahr nicht los. Inzwischen war es Mittag geworden, und ein neuer Kunde betrat seinen kleinen Friseurladen. Plötzlich hatte Jageshwar Prasad das unerklärliche und dringende Bedürfnis, genau in diesem Augenblick nach seinem Sohn zu sehen. So entschuldigte er sich für einige Minuten bei dem wartenden Kunden und trat vor die Tür seines Hauses. Noch vor einer Viertelstunde hatte Munna am Straßenrand gespielt. Doch jetzt lag die Straße verlassen in der brennenden Mittagssonne, und von dem sechsjährigen Knaben war weit und breit keine Spur.

Beunruhigt, vergaß der Friseur Prasad völlig seinen Kunden und lief in seine Wohnung, wo seine Frau in der Küche arbeitete. Doch auch sie hatte den gemeinsamen Sprößling nirgendwo gesehen.

Ein schlimmes Gefühl begann ihn zu quälen, und zusammen mit seiner Frau lief er zu Nachbarn und Freunden, klapperte seine gesamten Verwandten und Bekannten ab. Wohin er sich auch wandte, keiner hatte den Jungen gesehen. Zum Schluß trafen sie auf einen Straßenhändler. Der konnte sich erinnern, einen kleinen Jungen, auf den die Beschreibung der verzweifelten Eltern paßte, gesehen zu haben. Er sei mit zwei Männern in Richtung zum Fluß gegangen, dabei habe er auf ihn einen recht ausgelassenen und vergnügten Eindruck gemacht. Die drei hätten miteinander gescherzt und laut gelacht, und so habe er keinen Argwohn bei der ganzen Sache gehegt. Als die Eltern des Munna Prasad zum Fluß hinunterliefen, fanden sie auch hier keinerlei Spur von ihrem Sohn.

Gegen achtzehn Uhr abends an diesem 19. Januar 1951 kam eine Frau in der Nähe des »Chintamani-Tempels« vom Fluß herauf. Was sie nun sah, ließ ihr urplötzlich das Blut in den Adern gefrieren. Vor ihr im gelben Sand lag das abgeschnittene Haupt eines Knaben, und nur wenige Schritte weiter ein verstümmelter, kleiner Körper. Ein paar Minuten später stand fest: Kopf und Körper gehörten dem vermißten Munna Prasad. Die schlimme Vorahnung des Vaters hatte sich bestätigt, der Junge war auf grausame Art und Weise ermordet worden.

Auf den ersten Blick war keinerlei Motiv für diese verabscheuungswürdige Tat zu erkennen. Wer – um alles in der Welt – sollte Jageshwar Prasad, dem armen, aber aufrechten Friseur, ein so bitteres Leid zufügen wollen? Immerhin hatte man eine Beschreibung der beiden Männer, die von dem aufmerksamen Straßenhändler stammte. So fiel es auch nicht schwer, die beiden für die Bluttat in Frage kommenden Männer rasch zu identifizieren und festzunehmen. Einer der beiden war mit der Familie Prasad eng verwandt, er hieß *Chaturi* und arbeitete sogar gelegentlich in Jageshwars Friseurladen mit. Der andere war ein Wäschereiarbeiter mit dem Namen *Jawahar*. Von den zwei Verdächtigen hätte zumindest Chaturi ein denkbares Motiv für den Mord gehabt, denn nach dem Tod des kleinen Munna wäre er als Prasads nächster Erbe in Frage gekommen.

Frei – aus Mangel an Beweisen

Schließlich legte Chaturi sogar ein Geständnis ab. Zusammen mit Jawahar, dem er eine großzügige Beteiligung in Aussicht gestellt hatte, hatte er das arglose Kind hinunter zum Fluß gelockt. Dort waren die beiden dann über den Jungen hergefallen und hatten ihm mit einem Rasiermesser den Kopf abgeschnitten. Doch schon am nächsten Morgen widerrief Chaturi sein Geständnis. Angeblich wäre es aus ihm herausgepreßt worden, so seine Erklärung des plötzlichen Sinneswandels.

Glück für die Verdächtigen, daß Kannauj ein kleines Provinznest ist und die wenigen Polizisten mit ihren Aufgaben (schon damals) hoffnungslos überfordert waren. So sicherte man keine Spuren, nahm nicht einmal Fingerabdrücke, und konnte dem Gericht folglich auch keine unwiderlegbaren Fakten und Beweise vorlegen. Und so kam es, daß man die Verdächtigen wieder laufen lassen mußte, auch wenn die Schuldfrage hier offensichtlich war. Aus Mangel an Beweisen ...

Juli 1951. Ein halbes Jahr ist seit dem heimtückischen Mord an Munna Prasad vergangen. Im Hause des Babu Ram herrscht große Freude, denn der langersehnte Stammhalter wird geboren. Babu Ram und dessen Familie wohnen gleichfalls im Provinzstädtchen Kannauj, allerdings in einem anderen Stadtteil. Zwischen dieser Familie und den Prasads hat es nie irgendwelche Kontakte gegeben. Babu Rams Sohn wird auf den Namen *Ravi Shankar* getauft. Der Kleine ist ein gesundes und kräftiges Kind. Auffallend ist nur ein ungewöhnliches Muttermal an seinem Hals, ungefähr fünf Zentimeter lang, drei Millimeter breit und von seltsam ausgezackter Form. Es sieht beinahe so aus wie die Narbe eines Messerschnitts. Und die Eltern denken sich nichts dabei – bis der kleine Ravi Shankar drei Jahre alt ist. Da beginnt er urplötzlich seltsame Dinge zu erzählen.

»Ich heiße Munna und habe hier schon einmal gelebt. Ich wurde ermordet, zwei Männer haben mich getötet. Sie haben mir mit einem Messer den Kopf abgeschnitten. Das war unten am Fluß, nicht weit vom Tempel.«

Begegnung mit zwei Mördern

Obwohl der Gedanke an die Wiedergeburt für die Inder an und für sich nichts Ungewöhnliches ist, wollen die Eltern von der abenteuerlichen Geschichte des Dreijährigen nichts wissen. Das geht sogar so weit, daß Vater Babu Ram dem kleinen Ravi Shankar eine ordentliche Tracht Prügel androht, wenn er nicht endlich mit seiner unheimlichen Geschichte aufhört. Die Drohung wirkt, tatsächlich redet der Kleine eine Zeitlang nicht mehr davon. Doch eines Tages nimmt ihn seine Mutter zu einem großen religiösen Fest mit. Hunderte von gläubigen Hindus drängen sich vor dem *Chintamini-Tempel* am Fluß. Plötzlich zupft der kleine Ravi aufgeregt seine Mutter am Arm.

»Siehst du die beiden Männer? Sie waren es, die mich getötet haben, damals am Fluß!« Die beiden Männer sind niemand anderes als – Chaturi und Jawahar.

Die Mutter beschließt erst einmal, dem Vater nichts von der für sie und den Knaben aufwühlenden Begegnung zu erzählen. Ein alter indischer Volksglaube behauptet nämlich, daß Kinder, die sich an ein früheres Leben erinnern, schon in jungen Jahren sterben müssen. Dies war auch der Grund dafür, daß Vater Babu Ram so ungehalten auf die Erzählungen seines Sohnes reagiert hat. Denn die Realität der Wiedergeburt ist für einen gläubigen Hindu kein Diskussionsthema, ist sie doch seit Tausenden von Jahren fester Bestandteil seiner Religion. Anders als in unseren Breiten, wo im sechsten nachchristlichen Jahrhundert der Gedanke an eine Seelenwanderung per Dekret aus der christlichen Glaubenswelt verbannt wurde. So geschehen auf dem Fünften Ökumenischen Glaubenskonzil, abgehalten anno 553 in Konstantinopel.

Doch immer deutlicher werden die Anzeichen dafür, daß Ravi Shankar mehr über das Leben als Munna Prasad weiß. So verlangt er mit Nachdruck »sein« Spielzeug zurück: eine Kinderpistole, einen Ball an einem Gummiband, einen hölzernen Elefanten sowie eine kleine Büchertasche.

Ebensowenig läßt sich in einer so kleinen Stadt wie Kannauj auf Dauer vermeiden, daß sich das seltsame Verhalten des kleinen Ravi herumspricht. Auch der Friseur Jageshwar Prasad hört davon und will sich persönlich überzeugen, was an der ominösen Geschichte dran ist.

Wiedersehen im nächsten Leben

Als Prasad eintrifft, ist Ravi Shankar nicht zu Hause. Also setzt sich der Friseur auf die Türschwelle und wartet. Endlich steht der Junge vor ihm. »Komm zu mir, mein Kind«, sagt Prasad und streckt die Hand nach dem Kleinen aus. Ravi aber schweigt, ist sichtlich verlegen. Doch langsam bricht das Eis. Ravi klettert auf Jageshwars Schoß, nennt ihn auf einmal sogar »Vater«. Dann erzählt er, daß er in die Schule von Chipatti gegangen sei, und fügt noch hinzu: »Meine Schiefertafel stand im großen Schrank in der Diele.«

»Dort steht sie noch immer, mein Sohn«, antwortet Jageshwar Prasad sichtlich bewegt. Plötzlich bemerkt der Junge die Armbanduhr des Friseurs und stößt aufgeregt hervor: »Dies ist ja meine Uhr! Du hattest sie mir geschenkt!« Tatsächlich hatte Jageshwar seinerzeit die Uhr in Bombay gekauft – sie war das Geschenk für seinen Sohn Munna zum Schulanfang. Und auch einen Ring hatte er diesem geschenkt. Ravi Shankar wußte genau, daß der Ring in einer Schublade lag.

Nun gab es für Prasad keinen Zweifel mehr. Ravi Shankar war in seiner vorhergehenden Existenz kein anderer als sein heimtückisch ermordeter Sohn Munna. Und das auffällige Mal an seinem Hals konnte nur die Narbe eines Messerschnittes sein. Genau jenes Schnittes, mit dem die Mörder den Kopf ihres kleinen Opfers vom Rumpf getrennt hatten. Hinübergerettet durch uns unbekannte Abläufe in ein neues Leben, sichtbar geworden an der körperlichen Erscheinungsform dieser neuen Existenz.

Nachforschungen in Indien ...

Während seines wochenlangen Aufenthaltes geht Professor Dr. Ian Stevenson in Indien allen Spuren dieses Falles Ravi Shankar/Munna Prasad nach. Sorgfältig und gewissenhaft überprüft er sechsundzwanzig Einzelangaben und kann deren Richtigkeit lückenlos bestätigen. Nach eingehenden Recherchen bleibt ihm letztlich nur noch eine mögliche Schlußfolgerung: Er ist restlos davon überzeugt, daß es keine »natürliche« Erklärung für die Kenntnisse gibt, die der kleine Sohn Babu Rams vom Leben des ermordeten Munna Prasad besitzt.

Hat sich die Seele Munnas tatsächlich zu irgendeinem Zeitpunkt in dem Körper des sechs Monate nach seiner Ermordung geborenen Ravi Shankar reinkarniert, ist sie in den Leib des Ungeborenen geschlüpft? Eine Schlußfolgerung, die erregende Ausblicke auch auf den Prozeß der menschlichen Entwicklung in den neun Monaten seines Werdens zuläßt.

Wann beginnt das Bewußtsein, das buchstäblich »bewußte Sein« des Menschen, zu welchem Zeitpunkt wird der menschliche Fötus beseelt? Und durch welche geheimnisvollen Vorgänge geschieht dies? Gibt es hierbei Gesetzmäßigkeiten, oder sind die Übergänge fließend? Das ist reichlich Wasser auf die Mühlen all jener, die an den nicht enden wollenden Diskussionen beteiligt sind, ab wann eine Abtreibung Mord an einem bereits bewußt denkenden und fühlenden Menschen ist. Ein heißes Eisen, das zu schmieden sich besonders die Vertreter der großen Religionsgemeinschaften auf ihre Fahnen geschrieben haben. Und bei anhaltender Beschäftigung mit allen denkbaren Konsequenzen, scheint keine der noch so weit hergeholten Gedankenspiele mehr grundsätzlich unmöglich zu sein!

Doch kehren wir an dieser Stelle noch einmal zurück zu dem Fall des kleinen Ravi Shankar aus dem indischen Provinzort Kannauj. Professor Stevenson hielt – und hält – dieses Fallbeispiel für so genau recherchiert, daß er es als einen seiner glaubwürdigsten und beweiskräftigsten Fälle in dem bereits erwähnten Standardwerk

»Twenty Cases Suggestive for Reincarnation« einer skeptischen Leserschaft zur Diskussion stellte.

Im Laufe der Jahre verblaßten auch bei Ravi Shankar langsam die Erinnerungen an dessen vorhergehende Existenz als Friseursohn Munna Prasad. Genauso wie auch unser Langzeitgedächtnis bezüglich weit zurückliegender Ereignisse immer schwächer wird. Ravi Shankar hatte übrigens während seiner Kindheit eine fast panische Angst vor Messern und anderen scharfen Gegenständen. Diese Phobie verlor er mit den Jahren. Was zurückblieb, war das auffällige Mal an seinem Hals: Jene Narbe, die ihm von seiner Ermordung in einem vorangegangenen Leben geblieben ist.

Wenn es – woran eigentlich kein Zweifel mehr bestehen dürfte – tatsächlich so etwas wie eine Wanderung der unsterblichen Seele, des Astralleibes oder wie immer wir den unzerstörbaren Teil unserer Persönlichkeit bezeichnen wollen, gibt, wenn dieses körperlose Bewußtsein zu irgendeinem Zeitpunkt in den Leib eines kurz zuvor gezeugten Menschen »schlüpft«, warum sollte eigentlich nicht auch der neue Körper von den Erfahrungen seiner Seele in einem früheren Dasein geprägt werden? Warum sollte das schreckliche Trauma einer gewaltsamen, tödlichen Verletzung sich nicht in Form von Muttermalen oder Narben im darauffolgenden Leben manifestieren? *Mind over matter* – der Geist beherrscht die Materie. Sich dies vorzustellen, kostet keine besondere Phantasie, und Hinweise in Form weiterer, gut recherchierter Fälle, daß tatsächlich etwas in dieser Art ablaufen muß, gibt es mehr als genug!

... und bei den Indianern Alaskas

Professor Stevenson ist sich im Laufe seiner langjährigen Forschungen immer sicherer geworden, daß besonders auffällige »Muttermale« und »Leberflecke« nicht nur vererbt würden, sondern sogar als sicheres Zeichen einer Reinkarnation gelten müßten. Er hat mindestens zweihundert solcher Male untersucht und fand diese am Körper der betreffenden Personen an Stellen, »wo Kugeln oder Stichwaffen sie in ihrem früheren Leben, an das sie sich zu erinnern scheinen, tödlich verletzt haben«. Nach Stevenson sind diese Male für gewöhnlich deutlich größer als normale Leberflecken oder Muttermale. Nicht selten ähneln sie ganz verblüffend den Narben verheilter Wunden.

Auf seiner Suche nach Menschen, die Hinweise auf eine frühere Existenz geben konnten, kam Professor Stevenson auch zu einigen Indianerstämmen im Südosten des US-Bundesstaates Alaska. Obwohl schon längst christianisiert und mit den zweifelhaften »Segnungen« unserer modernen Zivilisation konfrontiert, ist deren uralter Glaube, daß die Toten eines Tages wiedergeboren werden, noch immer lebendig. Ein fester Teil dieses Glaubens ist auch, daß Muttermale Narben von Wunden sind, die ein Mensch in einem früheren Leben erlitten hat.

Stevenson traf einen Indianer namens Derek Pitnow, der ein zweieinhalb Zentimeter langes und zwei Zentimeter breites Muttermal unterhalb des Nabels aufwies. Ein Vorfahre dieses Mannes, der Häuptling Chahni-Koo vom Stamm der Wrangell-Indianer, war bei einem Friedenspalaver von seinem Gegner, dem Sitka-Indianer Yak-Wan überfallen und mit einem Speerstoß in den Unterleib getötet worden. Dies war im Jahre 1852 geschehen. Derek Pitnow wurde 1918 geboren.

Zeit seines Lebens hatte Pitnow eine panische Angst vor Messern und anderen Stichwaffen. Als er während des Zweiten Weltkrieges zum Militärdienst in die US-Armee verpflichtet wurde, riskierte er nicht nur einmal Gefängnis und weitere Disziplinarmaßnahmen wegen Befehlsverweigerung. Er weigerte sich nämlich hartnäckig, an der Ausbildung zum Nahkampf mit dem aufgepflanzten Bajonett teilzunehmen. War die Erinnerung an den früheren Tod so stark, daß Pitnow es lieber vorzog, für ein paar Tage »in den Bau« zu wandern?

Der Tlingit-Indianer Charles Porter, den der Professor ebenfalls untersuchte, wies ein Muttermal an der rechten Hüfte unterhalb des letzten Rippenbogens auf. Es war einen Zentimeter breit und drei Zentimeter lang.

Als Kind hatte er steif und fest behauptet, er sei in einem früheren Leben durch den Speerstich eines Feindes getötet worden. Er nannte seinen früheren Namen, den seines Todfeindes sowie den Ort des Geschehens.

Genaue Nachforschungen ergaben: Ein Onkel seiner Mutter hatte tatsächlich diesen Namen getragen und war darüber hinaus auf diese Weise getötet worden. Dies geschah lange, bevor Charles Porter geboren wurde.

William George sagt seine Wiedergeburt voraus

Bei seinen Nachforschungen unter den *Tlingit-Indianern*, die im Südosten von Alaska beheimatet sind, stieß Professor Stevenson auf einen bemerkenswerten Fall, der nicht weniger als eine Vorhersage für die Wiedergeburt darstellte, und das geraume Zeit, bevor der Betreffende starb. In etwa vergleichbar mit den Hinweisen, wie sie der scheidende Dalai-Lama oder Karmapa Tibets für die Suche nach deren Wiederverkörperung geben.

Der Indianer William George, der vom Fischfang lebte, sagte eines Tages zu seinem Sohn und seiner Schwiegertochter: »Wenn an diesem Gerede über die Wiedergeburt etwas dran ist, so komme ich zurück und werde euer Sohn.« Er fügte noch hinzu, es wäre dann leicht, ihn wiederzuerkennen, da er dieselben Muttermale haben werde wie in diesem Leben.

Im August 1949 verschwand William George während des Fisch-
fanges spurlos und wurde, nachdem die Suche nach ihm erfolglos
eingestellt wurde, offiziell für tot erklärt. Bald danach war seine
Schwiegertochter schwanger und gebar einen Sohn. Dieses Kind,
das den Namen seines Großvaters William George erhielt, wies pig-
mentartige Male an seinem Körper auf, die denen seines Großvaters auffallend glichen.

Als der Knabe heranwuchs, beobachteten die Eltern an diesem bestimmte Charakterzüge, die sie nach Stevensons Worten »in ihrer
Überzeugung bestärkten, daß der alte William George zurückgekehrt war«. Zum Beispiel hinkte das Kind ein klein wenig, genauso
wie sein verstorbener Großvater. Wie der ältere William George
machte sich auch der jüngere beständig Sorgen und warnte seine
Mitmenschen vor den verschiedensten Gefahren. Er zeigte erstaunliche Kenntnisse über den Fischfang und über Boote, wies genaue
Kenntnis von Menschen und Orten auf – all dies ging weit über
das hinaus, was er auf »normale« Weise hätte erfahren können!

William George hatte kurz vor seinem Tod seinem Sohn, also dem
Vater des jungen William, seine goldene Uhr übergeben. Eines Tages sah der kleine Junge die Uhr, ergriff diese spontan und sagte:
»Das ist meine Uhr!« Er wollte das Erbstück um keinen Preis mehr
herausgeben. Seine Mutter mußte ihm lange zureden, ehe er bereit
war, die Uhr wieder herauszurücken. Noch als Halbwüchsiger hing
William George der Jüngere sehr an der Uhr, zu einem Zeitpunkt,
da er – wie Stevenson bemerkte – »seine bisherige Identifikation
mit dem Großvater weitgehend verloren hatte«.

Mit neun Schüssen niedergestreckt

In der brasilianischen Stadt Araraquara, ungefähr dreihundert Kilometer von São Paulo entfernt, lebt eine Juristin, die sich sehr de-

tailliert daran zu erinnern vermag, wie sie in ihrer vorhergehenden Existenz ihr Leben verlor. Das Ganze soll sich während des Zweiten Weltkrieges in Vichy (Frankreich) abgespielt haben. Sie wurde von einem Soldaten erschossen, dem sie die Tür geöffnet hatte. Die Frau besitzt zwei Muttermale, eines auf der linken Seite ihres Oberkörpers, das zweite am Rücken, und zwar exakt an jener Stelle, wo eine auf ihr Herz gezielte Kugel ein- und wieder ausgetreten sein könnte.

Unglaublich? Zweifler dürften ratlos werden, Skeptikern sollte es eigentlich die Sprache verschlagen angesichts der Ergebnisse, die der türkische Arzt Dr. Rezat *Bayer* einem internationalen Kongreß von Parapsychologen in den Vereinigten Staaten vorlegen konnte: Beschreibungen und Bilder von Patienten, die körperlich sichtbare Spuren von Verletzungen und Operationswunden aus ihren früheren Existenzen trugen. Der Mediziner aus Istanbul hatte über einhundertfünfzig solcher Fälle systematisch überprüft, bei denen auffallende Muttermale nur noch den einen Schluß zuließen: Daß es sich um Narben tödlicher Verletzungen aus einem früheren Leben handelt!

Der unglaublichste dieser Fälle ist jener des Knaben *Ahmed,* der aus einem kleinen Dorf im Süden der Türkei stammt.

Eines Tages brachte man ihm einen Jungen mit Namen Ahmed in die Sprechstunde. Bei der Untersuchung entdeckte Dr. Bayer auf Hals, Brust und Armen neun verschiedene, exakt runde Muttermale, die fast wie die Einschüsse von Pistolenkugeln aussahen. Die Eltern bezeugten, daß der Junge mit diesen Malen geboren wurde, diese also nicht erst später aufgetreten waren.

Nun stellte Dr. Bayer umfassende Nachforschungen an. Vor allem versandte er an alle Polizeidirektionen in der Türkei ein Rundschreiben, in dem er um dringende Auskunft bat, ob sich in deren Bereich in den vergangenen Jahrzehnten ein spektakulärer Mord ereignet hätte, bei dem das Opfer mit neun Pistolenschüssen getötet worden war.

Etliche Monate vergingen, von überallher kamen Absagen, und einige der angeschriebenen Polizeipräfekten hatten offensichtlich Wichtigeres zu tun, als auf das Bittschreiben des Arztes zu antworten. Schließlich wollte Dr. Bayer den Fall schon als nicht überprüfbar zu den Akten legen.

Als er schon jede Hoffnung aufgegeben hatte, erreichte ihn ein Brief aus Adana, einer Provinzhauptstadt im Südosten Anatoliens, nicht weit von der syrischen Grenze. Das dortige Kommissariat berichtete über einen bereits fünfzehn Jahre zurückliegenden Mordfall. Damals war auf dem Marktplatz ein Mann namens Mustapha von einem eifersüchtigen Nebenbuhler mit neun Schüssen niedergestreckt und getötet worden. Die Tat hatte seinerzeit großes Aufsehen erregt.

Dr. Bayer begab sich daraufhin sofort nach Adana, wo er nach kurzen Verhandlungen mit den Behörden sogar die Erlaubnis zur Exhumierung des Leichnams des ermordeten Mustapha erhielt. Anhand der Knochenverletzungen konnte der Mediziner nachweisen, daß die Lage der tödlichen Schüsse haargenau mit den Muttermalen des kleinen Ahmed übereinstimmten!

Zu guter Letzt brachte Dr. Bayer den Jungen nach Adana und stellte ihn der Familie des getöteten Mustapha vor – ohne ihm vorher erklärt zu haben, welche Bedeutung dieser Besuch habe. Unter den vielen anwesenden Personen erkannte Ahmed sofort die alte Mutter Mustaphas, die also in seinem früheren Leben seine eigene Mutter gewesen sein muß. Ahmed ging wortlos auf die alte Frau zu, küßte ihr die Hände und weinte. Dieselbe ergreifende Szene wiederholte sich auch, als er den Söhnen des fünfzehn Jahre zuvor ermordeten Mannes begegnete.

Ein weiterer Fall, über den der Istanbuler Mediziner berichtete, betrifft einen Jungen, der zwei winzige »Muttermale« an der Innenseite seines rechten Daumens trug. Form und Anordnung jener seltsamen Male erinnerten frappierend an die Spuren, die der Biß einer giftigen Schlange hinterläßt.

Der Patient stammte aus Antakya, einer kleinen Stadt direkt an der syrischen Grenze, südlich der Bucht von Iskenderun. Genaue Nachforschungen in den Krankenblättern der dortigen Hospitäler brachten Dr. Bayer auf die Spur eines Mannes namens Kaschamnasch, der zwanzig Jahre zuvor gestorben war, und zwar an den tödlichen Folgen eines Giftschlangenbisses!

Das todbringende Reptil hatte ihn genau in den rechten Daumen gebissen ...

Ein fast identischer Vorfall trug sich in einem Drusendorf in Israel zu. Dort wurde ein Bauer bei der Feldarbeit von einer Giftschlange gebissen. Die Verletzung, die er an seiner rechten Hand davontrug, war deutlich sichtbar und führte, trotz aller ärztlichen Bemühungen, nach einer Woche qualvoller Schmerzen zum Tode.

Am selben Tag wurde ein Kind geboren, das klar erkennbar an seinem rechten Händchen die Spuren von Schlangenzähnen zeigte. Als der Junge zu sprechen begann, gab er sich als der infolge des Schlangenbisses ums Leben gekommene Bauer zu erkennen. Dessen Witwe konnte er Details erzählen, die nur ihr und ihrem auf tragische Weise getöteten Mann bekannt gewesen waren.

Der vorerwähnte Dr. Bayer, der über hundertfünfzig solcher Fälle genau überprüft und belegt hat, hält eine Übertragung von Wundmalen auf den Körper eines Neugeborenen physiologisch für unmöglich. Eine Erklärung findet er in der Reinkarnation: Nur jene Menschen, die einen gewaltsamen Tod erlitten oder unter schrecklichen Umständen starben, »retten« nach Dr. Bayers Erkenntnissen die Erinnerungszeichen an diesen Tod in ihr folgendes Leben hinüber. Wer unter dramatischen Umständen stirbt, speichert im Geist die Erinnerung daran und überträgt sie in den neuen Körper.

Bei allen vorstehend erwähnten Fallbeispielen in diesem Kapitel ging es ausschließlich um Male aus einer mutmaßlichen Vorexistenz, die sich *körperlich* manifestieren. Wäre es jedoch nicht ebensogut denkbar, daß sich ein dramatisches Ende in einem früheren Leben nicht allein in spezifisch körperlichen Narben auszudrücken vermag, sondern auch in seelischen? Zum Beispiel in unerklärlichen Abneigungen, dunklen Ängsten und Vorahnungen, in Neurosen und Manien, unter denen die Betroffenen in ihrem jetzigen Leben zu leiden haben.

Ich werde den Verdacht nicht los, daß in unserer Psychiatrie ungezählte Patienten mit derartigen Symptomen »konventionell« behandelt werden – also mit Ruhigstellung durch starke Psychopharmaka –, ohne daß überhaupt nur ansatzweise der wahre Grund mancher Störung erkannt wird! Was der Patientin im abschließenden Fall gottlob erspart geblieben ist.

Tod im Hohlweg

»Manisches Schlucken« – unter diesen ebenso lästigen wie so oft auch schmerzhaften Beschwerden hatte die Werbekauffrau *Beate S.* (Name geändert, d. Verf.) gelitten, so lange sie zurückdenken konnte. Da in all den Jahren nichts gegen dieses zwanghafte Schlucken helfen wollte, das die Ärzte als »Kropfgefühl« bezeichneten, willigte die entnervte Frau schließlich in eine Rückführungstherapie ein.

Der Reinkarnationstherapeut führte sie dabei unter Hypnose in ihre Vergangenheit zurück, noch weit über den Zeitpunkt ihrer Geburt hinaus. In einer dieser Sitzungen sah sie sich als zwölfjähriges Mädchen, das ihren Großvater auf dessen Alm oberhalb von Luzern besuchte. *Beate* – beziehungsweise deren vorhergehende Existenz – kannte sich dort gut aus, stammt sie doch auch in diesem Leben aus einem kleinen Dorf am Vierwaldstätter See.

Es war ein Frühlingstag, und die Zwölfjährige machte sich bereit zum Abstieg ins Tal. Sie wollte wie immer einen Hohlweg nehmen, die kürzeste Verbindung zwischen der Alm ihres Großvaters und dem heimatlichen Dorf. Aber der Großvater warnte und beschwor sie eindringlich, dieses Mal lieber den längeren Umweg durch den Wald zu nehmen. Die schon recht kräftige Sonne könnte Schneefelder lösen. Der Hohlweg sei in dieser Zeit extrem lawinengefährdet, warnte er das Mädchen noch ein weiteres Mal, der längere Weg durch den Wald dagegen weniger steil und viel sicherer.

Die Zwölfjährige schien sich nicht sonderlich um die Mahnungen ihres um sie besorgten Großvaters gekümmert zu haben, denn *Beate S.* fand sich während der erwähnten Rückführungstherapie plötzlich in einer höchst bedrohlichen und dramatischen Situation wieder. Gigantische Schnee- und Geröllmassen türmten sich über ihr, und immer wieder bäumte sie sich auf und schrie dabei verzweifelt um Hilfe.

Ein zweites Mal durchlebte *Beate S.* ihr damaliges Sterben: Sie spürte beklemmend realistisch, wie sie sich erbrach, nach Luft rang und schließlich qualvoll erstickte.

Als sie der Therapeut wieder in die Gegenwart zurückführte, war sie total erschöpft und schweißgebadet, aber das Schlucktrauma war gelöst. *Beate S.* hatte erkannt, was hinter ihrem manischen »Kropfgefühl« steckte – es war nichts anderes als ihr damaliger Erstickungstod!

Ich bin mir durchaus bewußt, daß die Methode der hypnotischen

Rückführung nicht unumstritten ist. Kritiker werden einwenden, daß der Hypnotisierte – mehr oder weniger bewußt – genau das von sich gibt, was der Hypnotiseur von ihm erwartet, oder aber sich in diesem Zustand an Erfahrungen erinnert, die tief in seinem Unterbewußtsein vergraben liegen (was mit dem schon erwähnten Begriff *Kryptomnesie* umschrieben wird). Ob dies aber für diesen speziellen Fall zutreffen mag, der zu guter Letzt noch mit einer geradezu unheimlichen und für alle Beteiligten überraschenden Wendung aufwarten kann?

Unheimliche Begegnung im Eis

Nicht lange nach ihrer hypnotischen Rückführung stieg *Beate S.* zu einer Alm auf, die sie schon von früheren Ausflügen her kannte. Sie war schon immer gern dort oben gewesen, hatte sich jedoch nie Gedanken darüber gemacht, was sie ständig in diese Gegend gezogen hatte. Beim Abstieg kam sie durch einen Hohlweg, der ihr seltsam bekannt schien – sie kannte diese Örtlichkeit von der Rückführungstherapie!

Auf halber Höhe bemerkte die Frau auf einer Bergwiese einen soeben gelandeten Rettungshubschrauber der Schweizer Bergwacht. Zwei Rettungssanitäter beugten sich vorsichtig über eine tiefe Felsspalte, in die sich ein weiterer Helfer abgeseilt hatte. Offenbar war ein Unglück passiert.

»Da ist leider nichts mehr zu machen«, sagte einer der Rettungsmänner zu der Frau, die sich mit einem unheimlichen Schaudern dem Ort des Geschehens genähert hatte. *Beate S.* warf einen zögernden Blick in die Tiefe, und ein gewaltiger Schrecken durchfuhr sie. Am Grund der tiefen Felsspalte lagen, noch halb eingebettet im tauenden Eis, menschliche Knochen, die ein kleines Skelett erkennen ließen.

»Es muß ein Kind gewesen sein, das vom Weg abgekommen oder von einer Lawine erfaßt worden ist«, sagte der Sanitäter. »Wie lange das arme Kind wohl schon dort unten liegt, das weiß kein Mensch zu sagen.«
Vielleicht hätte er nur die junge Frau zu fragen brauchen, die sich in diesem Moment erschüttert abwandte ...

9

»Für alles, was wir tun, denken, erleiden und erfahren, sind wir selbst verantwortlich, in diesem Leben oder einer
anderen Existenz. Das Universum ist
gerecht. Es gibt Maß für Maß zurück,
was in ihm geschaffen wurde.«
Rainer Holbe, TV-Moderator

Der »Große alte Mann der Reinkarnationsforschung«

Im Gespräch mit Professor Dr. Ian Stevenson

Beschreibt man, wie in diesem Buch geschehen, die Umstände offensichtlicher Wiedergeburten, sind Fallbeispiele das A und O einer solchen Arbeit. Schließlich möchte des Lesers Wißbegierde befriedigt werden. Unbestritten zeigt der eine oder andere Fall verblüffende Details, doch für eine möglichst glaubhafte Dokumentation möchte man noch einen entscheidenden Schritt weitergehen, sozusagen zu den Quellen vorstoßen. Was ist also zu tun, um der Wahrheit so nahe wie nur irgend möglich zu kommen? Man wendet sich an die Betroffenen selbst (wie im Abschnitt über das einstige »Wunderkind« Charlotte *Goltz* geschehen) oder an erfahrene und international renommierte Kapazitäten.

Einer, der sein gesamtes Leben der Erforschung des faszinierenden Phänomens der Wiedergeburt verschrieben hat, ist Professor Dr. *Ian Stevenson* aus den Vereinigten Staaten. Ob bei *Jasbir Singh Tyagi, Ravi Shankar* oder *Shanti Devi* – Dr. Stevenson reiste an die Originalschauplätze der unglaublichen Begebenheiten und überprüfte dort akribisch die betroffenen Personen und deren Situation.

Kein noch so unbedeutend erscheinendes Detail ließ er aus. So arbeitet er seit nunmehr über vierzig Jahren!

Wenn es also überhaupt jemanden gibt, der kompetent ist auf diesem Gebiet und über das profundeste Wissen zu dem Phänomen verfügt, dann ist es Dr. Stevenson.

Im November 1994 fand ich seine Adresse mit Hilfe der Amerikanischen Botschaft in Frankfurt heraus. (An dieser Stelle möchte ich mich nochmals ganz herzlich bei Mr. Wild bedanken, ohne dessen unbürokratische Hilfe ein solch schneller Kontakt wohl nicht so leicht möglich gewesen wäre.) In meinem Schreiben an Professor Dr. Stevenson teilte ich diesem meine Gedanken und Pläne zur Realisierung dieses Buches mit und bat ihn um einige schriftliche Informationen zu seinen neuesten Forschungsergebnissen.

Zugegeben, ich klebte die Briefmarke mit relativ wenig Hoffnung auf meinen Brief. Ist doch Deutschland für die allermeisten Amerikaner ein kleines Land, das sehr weit entfernt ist – und kaum jemand interessiert sich dafür, was in »Germany« los ist. Doch bereits zwei Wochen später hatte ich eine Antwort im Briefkasten. Ausgesprochen höflich bedankte sich der »Große alte Mann der Reinkarnationsforschung« persönlich für das Interesse, das ich zeigte. Allerdings wollte er auf diesem Wege keine Informationen weitergeben, doch sei er Anfang 1995 in Deutschland, und dann hätte man genügend Gelegenheit, sich persönlich zu treffen und Gedanken auszutauschen.

Begegnung in München

Das war eine Chance, und vielleicht würde es gelingen, etwas Neues – auch zu alten Fällen – zu erfahren. Es folgten einige Briefwechsel und Telefonate, bis endlich ein Treffen für den 30. Januar 1995 in München vereinbart wurde.

Den berühmten weiß-blauen Himmel über Bayern konnte man zur Begrüßung nicht bieten, und auch die weiße Schneepracht war zu diesem Zeitpunkt bereits weggeschmolzen. Grau in grau präsentierte sich der denkwürdige Tag, selbst auch der Regen ließ nicht lange auf sich warten.

Wohltuend pünktlich betrat Dr. Stevenson die Hotelhalle und eilte uns – meinem Freund Rainer Tautenhahn, der mich bei einigen Recherchen für dieses Buch tatkräftig unterstützt hat, und mir – entgegen. Der Professor ist ein großer, hagerer Mann; er wirkt eher wie ein Engländer denn wie ein typischer Amerikaner. Nach der Begrüßung versuchten wir, einen geeigneten Platz für unsere Gespräche zu finden. Im Hotel leider Fehlanzeige – aber Dr. Stevenson kannte ein kleines türkisches Lokal gleich gegenüber. Nachdem wir Wein und türkischen Mokka bestellt hatten, konzentrierte sich der berühmte Wissenschaftler auf die Kamera und das Diktiergerät, die wir mitgebracht hatten. Er bat uns, auf Tonbandaufnahmen des Gesprächs zu verzichten, und wenn wir Fotos machen wollten, dann einzig unter der Bedingung, daß dieselben nicht veröffentlicht werden.

Was hat diesen Mann so scheu gemacht? Ist es die leider nur allzuoft geübte Praxis, daß Stimmaufnahmen geschnitten werden, und dann – neu zusammengesetzt – einen völlig anderen Sinn ergeben? Politiker werden in ihren Rhetorikseminaren stets dazu ermuntert, die Stimme am Satzende oben zu halten, dadurch wird ein Schnitt so gut wie unmöglich. Und an die Aussagekraft eines Fotos kann man bei den heutigen technischen Möglichkeiten, speziell was Computer-Animationen betrifft, auch nicht mehr uneingeschränkt glauben.

Der heute neunundsiebzigjährige, welterfahrene Mann hat wohl zahlreiche negative Erfahrungen in dieser Hinsicht machen müssen. In seinem Auftreten eher ein wenig zurückhaltend, waren seine Informationen am Anfang auch ziemlich spärlich. Doch im Laufe des Gespräches taute Dr. Stevenson auf, und als wir dann bei »unserem Thema« ins Detail gingen, begannen seine Augen zu leuchten.

Ein bewundernswertes Lebenswerk

Dr. Ian Stevenson hat sein ganzes Leben der Forschung gewidmet. Er ist Doktor der Medizin und führt noch immer eine kleine Praxis als Allgemeinarzt im amerikanischen Bundesstaat Virginia. Vielleicht ist es gerade der tägliche Umgang mit den Patienten, der manche Mediziner zu dem verblüffenden Phänomen offensichtlicher Wiedergeburten hinführt – ich erinnere hier nur an das Beispiel des türkischen Arztes Dr. Rezat Bayer, den ich im vorangegangenen Kapitel erwähnt habe. Auf jeden Fall haben die langjährigen Forschungen nach den Vorgängen rund um den Tod und darüber hinaus sowie nach verschiedenen extremen Bewußtseinszuständen des Menschen Dr. Stevenson zusätzlich einen Lehrstuhl für Psychologie an der medizinischen Fakultät der Universität von Virginia verschafft. Geboren wurde er übrigens 1919 – demnach ist er heute neunundsiebzig Jahre alt. Ein Alter, das man ihm wirklich nicht ansieht!

Mich interessierte natürlich, welche Einstellung die Allgemeinheit in den Vereinigten Staaten heute zu dem Thema Reinkarnation hat. In den jüngeren Jahren Dr. Stevensons begeisterte man sich weltweit für dieses Thema, und verschiedene aufsehenerregende Fälle taten ein übriges. Doch wie sieht es heute aus, kurz vor der Jahrtausendwende – also zu einer Zeit, da die »zivilisierte« Welt an einem Esoterik-Boom zu ersticken droht? »Bitte lachen Sie nicht«, warf Dr. Stevenson ein, »aber das Thema Reinkarnation und eine mögliche Rückkehr der Seele in einen anderen Körper ist für die meisten Menschen in den Vereinigten Staaten einfach nicht mehr interessant und aufregend genug. Es ist ein erschreckender Mangel an Respekt vor dem Tod, und was man im allgemeinen damit in Verbindung bringen kann, zu beobachten. Zwar gibt es eine Faszination, aber meist nur, wenn der Tod in Zusammenhang mit einem spektakulären Verbrechen steht.«

Der zur Zeit unseres Gespräches gerade hochaktuelle Fall des O. J. Simpson bestätigte Dr. Stevensons Gedanken in deutlicher Weise. Und was das akademische Interesse an seiner Forschungsrichtung angeht, fuhr der Professor fort: »Es gibt in den USA im Moment wohl noch ein oder zwei Wissenschaftler, die sich mit dem Thema beschäftigen und daran auch weiterzuforschen gedenken. Ansonsten bin ich ziemlich allein auf diesem Gebiet tätig.«

Wo ist der endgültige Beweis?

Mich drängte es zu einer Frage, die ich mir bereits während der gesamten Arbeit an diesem Buch immer und immer wieder gestellt habe – und wer sollte sie mir besser beantworten können als der weltberühmte Wissenschaftler, der gerade vor mir saß? Ich wollte also von ihm wissen, ob es denn mittlerweile so etwas wie einen *endgültigen* Beweis für das Phänomen der Wiedergeburt gibt. Dr. Stevenson schüttelte den Kopf und versuchte, mir eine zufriedenstellende Antwort zu geben:

»Bei all meiner jahrzehntelangen Arbeit habe auch ich noch nicht die ›Formel‹, die allgemeingültige Aussage gefunden. Nach wie vor ist man auf das angewiesen, was man von den Betroffenen an Informationen erhält. Und genau an diesem Punkt fängt dann eine akribische Arbeit, die Suche nach den Fakten von gestern und heute an. Eine strenge, möglichst objektive und auch skeptische Überprüfung der Glaubwürdigkeit aller Teilaussagen erhärtet dann die

Wahrscheinlichkeit, daß es sich hier nicht um Phantasie, Geistes-
gestörtheit, eine Psychose oder etwas Ähnliches handelt, sondern
daß man es hier mit an Sicherheit grenzender Wahrscheinlichkeit
mit *Reinkarnation,* also der Wiederverkörperung eines Teiles des
Bewußtseins, zu tun hat.

Es gibt nichts, woraus man sicher ableiten könnte, daß diese oder
jene Person wiedergeboren werden wird oder nicht. Ebenso kann
man bei der Geburt nicht einfach sagen, daß es sich um eine wiedergeborene Seele handelt. Die stärksten Erinnerungen an ein vorheriges Leben haben zweifellos die Kinder, denn bei denen ist der
Geist noch nicht mit den neuen Erfahrungen der jetzigen Existenz
vollgestopft. Meistens verlieren sich diese Erinnerungen dann jedoch irgendwann zwischen dem fünften und dem siebten Lebensjahr.

Aber diese ersten Jahre sind für die Kinder zumeist eine schreckliche Zeit. Sie sind zwischen ihren Existenzen hin und her gerissen.
Oft wissen sie nicht genau, wozu gehörig sie sich fühlen sollen. Da
gibt es dann verschiedene Bezugspersonen – aktuelle und solche
aus dem vorhergehenden Leben –, und die Kinder wollen weder
die einen noch die anderen missen. Das legt sich zwar meist mit
der Zeit, trotzdem tragen sie diese Erfahrung unbewußt durch ihr
ganzes Leben.«

Hart an der Grenze

Bei aller gebotenen Vorsicht gibt es jedoch Fälle, die hart an der
Grenze zum klinisch gesicherten Beweis stehen. Ich erinnere in
diesem Zusammenhang an den türkischen Jungen Ahmed mit seinen neun charakteristischen Muttermalen (s. Kap. 8). Bei der Ob-
duktion des Mordopfers aus vergangenen Jahren konnte ausrei-
chend sicher die Übereinstimmung jener »Muttermale« Ahmeds

mit den Schußverletzungen des exhumierten Leichnams aus Adana festgestellt werden.

Während unserer Diskussion genoß Professor Stevenson seinen Weißwein in kleinen Schlucken und sprach in diesem Kontext über die Erfahrungen, die Heinrich Schliemann in seiner frühen Jugend machen mußte, als er vor dem Grab seines Bruders stand. Auch auf das große Rätsel um Heinrich Schliemann bin ich an anderer Stelle in diesem Buch eingegangen. Dr. Stevenson erwähnte diesen Fall nicht im Zusammenhang mit einer Reinkarnation, sondern zielte hier eher auf die Erfahrung des hin und her gerissenen Daseins. Wie ein Trauma hat diese Schliemanns Leben begleitet. Zumal er doch in jungen Jahren auch die Behauptung aufstellte, später einmal Troja zu finden.

Wir alle wissen, daß er es tatsächlich fand!

Professor Stevensons Zeit an diesem trüben Wintertag Ende Januar 1995 war indes leider begrenzt, denn er hatte sich für den nächsten Tag in Freiburg im Breisgau angesagt, wo an der dortigen Universität übrigens der einzige Lehrstuhl Deutschlands für Parapsychologie existiert.

Shanti Devis Rückkehr

So beeilte ich mich noch, von ihm die einen oder anderen Informationen über »klassische« Fälle zu bekommen, die dem Leser bisher noch nicht bekannt waren. Und ich bekam bei dieser Gelegenheit gleich noch zwei »brandheiße« Fälle präsentiert, an denen der Professor gerade arbeitete.

Zwei der aufsehenerregendsten Fälle – beide haben sich in Indien abgespielt – habe ich im Verlauf dieses Buches besprochen. Bei dem einen handelte es sich um den Knaben *Ravi Shankar,* der allen Anzeichen nach in seinem Vorleben als Munna Prasad einem heimtückischen Verbrechen zum Opfer fiel. An jener Stelle, an dem ihm die Mörder mit einem Rasiermesser seine Kehle durchgeschnitten hatten, findet sich bei Ravi Shankar ein merkwürdiges Mal in Form einer gezackten Linie.

Von diesem auffälligen Mal wußte mir Professor Stevenson zu berichten, daß es zwischenzeitlich *gewandert* ist: Saß es am Anfang noch ziemlich genau an Ravis Kehle, so befindet es sich nun unter dem Kinn! Ein faszinierender Gedanke – doch wäre er tatsächlich so weit hergeholt? – könnte zum Versuch einer Erklärung werden: Wandert Ravi Shankars Zeichen jener tödlichen Verletzung in seinem vormaligen Leben, um exakt den Weg zu beschreiben, welchen das von den Mördern geführte Werkzeug um Munnas Hals beschrieb? Von der Erkenntnis, daß es sichtbare körperliche »Erinnerungen« an Verletzungen gibt, die in einer früheren Existenz zum Tode führten, ist es nurmehr ein kleiner Schritt zu dieser unheimlichen Veränderung!

Die andere Information betrifft den »Klassiker« aller Reinkarnationsfälle. So erfuhr ich vom Professor, daß *Shanti Devi* ihren irdischen Weg vor wenigen Jahren, nämlich 1991, abgeschlossen hat. Wird sie abermals zurückkehren? Werden wir sie bald in einer neuen Existenz erleben können?

Vielleicht wächst irgendwo auf dieser Welt gerade ein kleines Kind heran, das sich plötzlich seiner Existenz als *Shanti Devi* erinnern wird …

Soviel hierzu. Ich hatte gerade mein Notizbuch zugeklappt, in dem ich stichpunktartig die Erklärungen des berühmten Forschers festgehalten hatte, als Professor Stevenson es sich doch noch einmal anders überlegte. Der anfangs eher wortkarge Mediziner sagte zu mir: »Ich möchte Ihnen noch ganz kurz etwas zu zwei Fällen erzählen, an denen ich gerade arbeite.«

In einem abgelegenen Dorf in Indien lebt eine Frau, die nur den

Dialekt *Mharati* beherrscht – jedenfalls in ihrem »Normalzustand«. Hier und da verfällt sie jedoch in Trance, und dann verliert sie jeden Bezug zu ihrer Muttersprache und spricht *Bengali*. Eltern, Freunde und Verwandte sind für sie dann plötzlich Fremde. Ebenso kennt sie in diesem Zustand keinerlei für die heutige Zeit selbstverständlichen technischen Geräte. Sie scheint dann in der Zeit um 1825 zu »leben« und kennt weder Telefon noch Elektrizität, nicht einmal so einfache Gebrauchsgegenstände wie einen Bleistift.

»Benedikt«

Beim zweiten Beispiel geht es um eine junge Französin, und deren seltsames Déjà-vu-Erlebnis. Diese Frau hatte bereits 1986 immer wieder denselben Traum, in dem sie sich als Mann mit Namen *Benedikt* sah, der auf einem Friedhof spazierenging. Dieser stets wiederkehrende Traum prägte sich ihr tief ein, sie konnte ihn nicht vergessen.

Acht Jahre später, 1994, bereiste sie zum ersten Mal in ihrem Leben die Vereinigten Staaten. Ihr Weg führte sie auch in den Bundesstaat Rhode Island im Nordosten der USA, und sie spazierte dort über einen Friedhof. Wie magisch angezogen, ging sie auf einen der alten Grabsteine zu. Erst als sie direkt davor stand, bemerkte sie zu ihrer nicht geringen Erschütterung, daß es sich genau um das Grab aus ihren Träumen handelte.

Und auf dem Grabstein eingemeißelt stand der Name *Benedikt*.

Zu diesem Fall, der Professor Dr. Ian Stevenson ganz besonders am Herzen zu liegen scheint, laufen seine Nachforschungen mittlerweile auf Hochtouren. Im Anschluß an seinen Besuch bei der parapsychologischen Fakultät der Universität von Freiburg, so ließ er mich wissen, würde er noch einige Tage in Frankreich verbringen, um weitere Recherchen zu betreiben.

Damit trennten sich unsere Wege. Und mir bleibt nur noch, zu wünschen, daß es diesem Pionier der Erforschung eines der faszinierendsten Rätsel der Menschheit gelingen möge, endlich jenen *endgültigen* Beweis dafür zu finden, daß unsere Seele nach dem Tod in einem anderen Körper wiedergeboren wird.

Und das möglichst noch in diesem seinen Leben – als Dr. Ian Stevenson!

10

Auf der Suche nach dem Ursprung allen Seins

Gedankenexperimente im »Versuchslabor Kopf«

Spannen wir noch einmal den Bogen, und blicken wir zurück: Alles, was bis jetzt über Seelenwanderung und Wiedergeburt gesagt werden konnte, hatte nicht selten auch etwas mit Glaubenseinstellungen, mit Ethik und Moral zu tun. Mit Vorstellungen, die noch in diesem Leben zu verwirklichen seien, um dann auf der nächsten Ebene eine Daseinsberechtigung zu finden.

Es läßt sich an dieser Stelle auch noch eine weitere Idee hinzufügen – nämlich eine philosophische: Der große Schriftsteller Thomas Mann saß im Mai 1939 vor einer Gruppe von Studenten der Universität Princeton in den USA und wurde ausgiebig über seine schriftstellerischen Motive und den Antrieb für seine Arbeit befragt. Und Thomas Mann war um eine Antwort nicht verlegen. Als Mensch, der immer sehr viele Worte gebrauchte, um selbst die leisesten Zweifel an seiner Aussage auszuräumen, nahm er sich für die Antwort mehr als eine halbe Stunde Zeit, bis er dann endlich auf den Punkt kam.

»Der Mensch an sich ist wohl auch so etwas wie ein Gralssucher. Der Gral, wenn Sie so wollen, das ist die Idee des Menschen, die

Konzeption einer zukünftigen, durch tiefstes Wissen um Leben, Krankheit und Tod hindurchgegangenen Humanität. Der Gral ist ein Geheimnis, aber auch die Humanität ist das. Denn der Mensch selbst ist ein Geheimnis, und alle Humanität beruht auf Ehrfurcht vor dem Geheimnis des Menschen und der Allkraft der Liebe.«

Das könnte man durchaus so stehen lassen. Nichts daran drehen und wenden, ja selbst jedes weitere Wort, welches zu deuten und zu erklären versucht, unterbinden. In dieser Aussage ist fast jede Religionsstruktur enthalten, selbst viele Philosophen kommen darauf zurück. Ist es doch mit den Philosophien so eine Sache, da jede für sich versucht, im Rahmen von Büchern oder Vorträgen die gesamte Welt zu erklären. Und Philosophen haben zumeist die – sehr ehrbare – Eigenschaft, Humanisten zu sein. Auch Thomas Mann macht da keine Ausnahme. Dürfen wir aber in unserer so aufgeklärten Zeit noch auf die Humanisten hören? Beschäftigen sie sich doch alle nur mit den Seiten des Menschlichen und dem von Gott Gewollten.

Ist es jetzt nicht an der Zeit, erneut die Wissenschaftler auf den Plan zu rufen, die unermüdlich forschen, um der Natur ihre letzten Geheimnisse abzuringen? Wir sind doch heute nicht mehr nur Menschen ...

Wenn man den Bestsellern und Topthemen der vergangenen Jahre glauben darf, geht es vorrangig um das Verständnis der globalen Orientierung. Mensch und Tier, Regenwald und Ozonlöcher, Gentechnologie und die Wellenbewegung im interstellaren Raum unter Berücksichtigung des Zeitpfeiles à la Hawking, Rebirthen im Wassertank vor der Jahrtausendwende ... Stop! Nein, so kommen wir sicher nicht weiter, wenn wir uns dem Ursprung allen Seins, dem Sinn des Lebens sowie dem »Danach« und »Wieder« ein weiteres Mal nähern wollen. Tasten wir uns nochmals vor und beginnen mit altbekannten Denkern.

Plato hat die Situation, in der wir uns gegenüber der Außenwelt befinden, schon im vierten vorchristlichen Jahrhundert durchschaut. Die Menschen, so schrieb er, gleichen Gefangenen, die in einer Höhle mit dem Rücken zur Wand angekettet sind. Von allem, was sich vor dieser Höhle abspielt, bekommen sie nichts als die Schatten zu sehen, welche durch den Eingang auf die gegenüberliegende Wand geworfen werden. Diese Schatten halten die Menschen für die Wirklichkeit. Es gibt nach Plato also keine allgemein gültige Wahrheit – zumindest ist sie für uns noch nicht erkennbar. Das heißt aber auch: Es gibt keine religiöse Wahrheit, sondern allenfalls einen religiösen Glauben. Und magische Praktiken, um ein kosmisches Überbewußtsein als Erkenntnisquelle anzuzapfen, sind sinnlos. Allenfalls kann man mit Hilfe von logischem Denken versuchen, näher an den Höhleneingang heranzukommen, um vielleicht irgendwann einen Blick nach draußen werfen zu können. Soweit Plato.

Aristoteles schrieb die Trennung von Logik und Magie, von Naturwissenschaft, Metaphysik und Religion fest, indem er den Körper vom Geist trennte. Die Seele gehöre dabei zum Körper, und beide seien sterblich. Unsterblich sei nur der Geist, der dem Menschen die Fähigkeit zum Denken und Erkennen gegeben hat. Dieser Geist aber stamme aus dem Bereich des Transzendentalen, einer Meta-Welt, die nur den Göttern zugänglich und den Menschen auf ewig verschlossen sei.

Bei dieser Bewußtseinsspaltung ist es bis auf den heutigen Tag geblieben. Die Wahrheit wurde aufgeteilt in eine religiöse Wahrheit der Theologen und in die sogenannte »kritische Vernunft« der Wissenschaft. Beide Fakultäten geben nur noch Antworten auf Fragen, für die sie sich zuständig glauben. Die einen suchen nach dem Sinn des Lebens, teilen die Welt in »Gut« und »Böse« oder ringen mit dem Problem der Sterblichkeit sowie dem ewigen Leben im Jenseits. Die anderen suchen nach jenem Stoff, der unsere Welt – den Mikrokosmos wie auch den Makrokosmos – im Innersten zusammenhält. Sie versuchen, das ganze Universum aus sich selbst heraus, also anhand der entdeckten Naturgesetze, zu erklären – ohne Götter und Jenseits.

Die zwischen Antike und Moderne liegende Epoche des Mittelalters, den Siegeszug der christlichen Kirche, können wir bei der Suche nach dem Jenseits wie auch bei der Suche nach so etwas wie Gott oder dem Ursprung allen Seins vernachlässigen. Gibt es heute Möglichkeiten, befriedigendere Antworten zu bekommen, oder sind wir letztlich noch immer auf dem Stand der Herren Plato und Aristoteles?

Versuche mit der Physik

Das im wahrsten Sinne des Wortes heißeste Thema der Physik ist wohl die Theorie des Urknalls. Ein wesentlicher Faktor ist hierbei die Evolution des Kosmos, mit der Astrophysiker auch die Evolution der Materie beschreiben. Ausgehend vom Urknall, als alle Materie und Energie in einem heißen Superball konzentriert war, »entfaltete« sich das Weltall gemäß den Naturgesetzen, wie wir sie heute kennen.

Aus einer »vorher« undifferenzierten Masse entwickelte sich nach dem Urknall eine Vielzahl an Teilchen und Energien. Alles expandierte, die Vielfalt der Erscheinungen vergrößerte sich, aus strukturlosem Gas verdichteten sich Sterne, die sich zu Galaxien vereinten. Diese wiederum bildeten Milchstraßen, welche sich vielleicht in Strukturen von noch höherer Ordnung vereinen.

Die Frage ist nur: Wie können aus so einfachen Dingen komplizierte Gebilde werden? Wie kann aus toter Materie lebendiges Bewußtsein entstehen?

Anders gefragt: Waren die dafür zuständigen Naturgesetze von Anfang an existent, oder haben sie sich erst im Verlauf der Entwicklung des Weltalls herausgebildet? Einige Forscher spekulierten bereits, daß sich die frühen Elementarteilchen untereinander »abgesprochen« hätten, welche Gesetze jetzt gelten sollten – ganz ähnlich wie die frühen Menschen, die sich zu Familien und Sippen zusammengeschlossen haben und dabei die Gesetze des sozialen Lebens schufen. Ist das Weltall lebendig – und sind wir ein integrierter Teil eines solchen »Wesens«?

War der Urknall nichts anderes als der Auftakt zur Wiedergeburt des Universums, das zuvor den Tod in Form der Kontraktion auf einen winzigen Ball aus verdichteter Materie erlitten hat?

Der »Omega-Punkt«

Der Franzose Pierre Teilhard de Chardin lebte von 1881 bis 1955, lehrte als Jesuitenpater und arbeitete als Wissenschaftler an diesen Gedanken. All seine Arbeiten basierten auf der Frage: »Wenn alle Materie tot ist, woher kommt dann das Bewußtsein?« Er suchte also nach der »Seele« der Materie. Teilhard de Chardin nahm an, daß nichts in der Welt – beziehungsweise im Universum – geschehen könne, ohne nicht schon im Keim ganz zu Anfang vorhanden gewesen zu sein. Dies gelte auch für Leben und Bewußtsein. Da jedoch am Anfang nur »tote« Materie existierte, muß in ihr – in irgendeiner Form – eine Art Bewußtsein gelegen haben. »Das mag wohl sein«, sagt der Christenmensch, und wendet sich alltäglicheren Themen zu.

Jetzt aber kommt Teilhards Gedankengang auf den Punkt – zu einer Schlußfolgerung höchst philosophischer Natur. Demnach ist die

Entwicklung ein Aufwärtsstreben des Bewußtseins, das in einem *Omega-Punkt* kulminiert. Vorstellen kann man sich das ungefähr wie folgt: Etwas ist wie ein großer Ballen gewickelt und wickelt sich nach und nach ab. Dann wird sich der »kosmische Geist« wieder seiner selbst bewußt. Die Materie ist überwunden, alle Seelen erkennen sich selbst als Bestandteil des Göttlichen. Das Ziel der Entwicklung des Universums ist erreicht, der Kreislauf geschlossen. Nur ist das noch ein weiter Weg. Ob dieses Ziel in den folgenden Generationen erreicht sein wird? Wir wollten doch eigentlich jetzt schon eine Antwort haben, zumal diese Ideen ja alle uralt sind. Welche Religion verleugnete in ihrer mystischen Variante je die Forderung nach einer Erweiterung des Bewußtseins? Lassen wir nochmals einen Physiker zu Wort kommen.

Sprunghaftes Bewußtsein

Der amerikanische Physiker Peter Russel hat in seinem Buch *Die erwachende Erde* eine »magische« Zahl erläutert. Diese soll angeblich die Evolution des Kosmos erfassen und hat den Zahlenwert 10^{10}, also zehn Milliarden. Russel behauptet nun: »Wenn zehn Milliarden Einzelteile zusammenkommen und wenn sich zwischen ihnen genügend viele Verbindungen anbahnen können, dann entsteht eine neue Struktur. Ein Evolutionssprung von toter zu lebender Materie, vom Lebendigen zum Bewußtsein, vom Bewußten zum Göttlichen.«

Russel bringt Beispiele. Der einfachste Einzeller besteht aus vier mal zehn Milliarden Atomen. Hier fänden wir also den Sprung zum Leben. Das menschliche Gehirn wiederum enthält rund zehn Milliarden Nervenzellen – der Sprung zum Bewußtsein. Das alles sind noch Fakten.

Jetzt aber beginnt die Spekulation. Nehmen wir das explosionsartige Bevölkerungswachstum der Erde. Allen Bemühungen zum Trotz gelingt es nicht, das Anwachsen der Anzahl der Individuen auf diesem Planeten zu reduzieren. Bitte alle moralischen Aspekte im Moment außer acht lassen! Wir nähern uns in absehbarer Zeit – derzeitige Schätzungen sprechen vom Jahr 2050 – ebenfalls dieser »magischen Zahl« zehn Milliarden. Wird es danach ein globales »Überbewußtsein« geben?

Russel geht noch weiter. Stellt man Berechnungen über unsere Galaxis an – diese können nur spekulativ sein –, gibt es etwa zehn Milliarden bewohnbare Planeten. Werden sich diese eines Tages zu einem universellen Bewußtsein zusammenschließen? Und zu guter Letzt schätzt man die Zahl der Galaxien im Universum auch auf etwa zehn Milliarden. Wird dann eines Tages ein Superbewußtsein erwachen, das endgültige Brahma, das Paradies, das Nirwana?

Soweit diese weit über unser Vorstellungsvermögen hinausgehende Spekulationen. Und gleich darauf die höchst menschliche Frage: »Welche Vorteile hätten wir denn davon, wenn es so wäre?« Es würde bedeuten, daß nichts in dieser Welt sinnlos oder zufällig wäre. Alles strebt einem bestimmten Ziel zu, und jedes Wesen mit Bewußtsein könnte dazu beitragen, daß dieses Ziel erreicht wird. Also eine Bestätigung dafür, nicht umsonst gelebt zu haben beziehungsweise wiedergeboren worden zu sein. Liegt es womöglich auch daran, daß uns ein Universum ohne innewohnende Intelligenz, ohne Geist hinter der Materie – nennen wir ihn der Einfachheit halber ruhig Gott –, nicht befriedigen würde?

Neue Tatsachen in alten Büchern

Nein, ich will mich nicht zu weit vom Thema dieses Buches entfernen: Reinkarnation, Wiedergeburt, der Sinn unserer Existenz im Hier und Jetzt – und vor allem darüber hinaus. Ich betrachte nur verschiedene Möglichkeiten der Sicht aus der Höhle. Warum dann so viel Wissenschaft? Gibt es denn nicht auch höchst verwerfliche Wissenschaften – beispielsweise die Gentechnologie, die am Leben herumexperimentiert, ohne es zu würdigen, wie ihre Kritiker vermuten? Wir wollten doch eigentlich die Intelligenz hinter der Materie suchen und eine probate Erklärung für alles finden.

Bevor ich also mit weiteren Beispielen den Versuch unternehmen möchte, mich der Intelligenz hinter allem Sein zu nähern, hier eine abenteuerliche Geschichte, die seltsame Gedankengänge zuläßt. Sie beginnt in einem der ältesten Bücher unseres Kulturkreises, der Bibel. Wir lesen im Ersten Buch Mose, im fünften Kapitel: »Das ist das Buch von Adams Geschlechtern ... Und Adam lebte, zeugte mit einhundert und dreißig Jahren Seth. Und die Tage Adams, nachdem er Seth gezeugt hatte, waren achthundert Jahre, und er zeugte Söhne und Töchter. Und alle Tage Adams, die er lebte, waren neunhundert und dreißig Jahre.«

Doch auch andere erreichten das sprichwörtliche »biblische« Alter. Sie können es selbst nachlesen. Hier nur noch ein paar Daten: Seth, Adams Sohn, lebte insgesamt neunhundertzwölf Jahre. Der geheimnisumwobene Henoch brachte es auf dreihundertfünfundsechzig Jahre, bevor er *entrückt* wurde, was jedoch keinem irdischen Tod entsprach. Mir scheint hier eher etwas vorzuliegen, das wir in unseren Tagen als »Abduction« bezeichnen, also eine Entführung durch eine mutmaßliche außerirdische Intelligenz. Henochs Sohn Methusalech lebte stolze neunhundertneunundsechzig Jahre – bevor er starb.

Glaubt man den Überlieferungen, dann ist die Mehrzahl unserer Urahnen weit über fünfhundert Jahre alt geworden. Kann man sich so etwas vorstellen? Lief der Alterungsprozeß anders ab, als wir es heute gewöhnt sind? Oder waren die Menschen auch damals an die biologische Uhr des Lebens gebunden und mußten die große

Zeitspanne ab dem hundertsten Lebensjahr mit den natürlichen Beschwerden des Alters durchleben? Wir wollen leben und alt werden, nur *wie alt?* Kann es nicht auch eine Erlösung sein, einen irdischen Weg zu Ende zu gehen – und eine Chance zu bekommen, immer wieder ins Leben zurückzukehren?

Neueste Untersuchungen setzen genau hier an.

Ein Machtwort Gottes, oder das Leben eines Wurms

Durch das gesamte Alte Testament zieht sich wie ein roter Faden, daß Gott seine Schöpfung nicht aus den Augen läßt; auch über das Alter der nach seinem Abbild geschaffenen Menschen machte er sich Gedanken. Im Ersten Buch Mose heißt es darum weiter: »Und es geschah, als die Menschen begannen sich zu mehren … Und Gott sprach: ›Mein Geist soll nicht ewiglich mit dem Menschen rechten, da er ja Fleisch ist; und seine Tage seien hundert und zwanzig Jahre.‹«

Hier also spricht die Bibel davon, daß Gott eine Grenze für das Alter festlegte, die Dauer, die wir auf diesem Planeten, in diesem Körper verbringen sollen, um als Menschen zu leben.

An dieser Stelle möchte ich Sie auf eine gedankliche, interstellare Reise entführen.

Viele Biologen haben sich den Kopf zerbrochen, wie die weitere Evolution einer intelligenten Spezies aussehen mag. Dabei sind sie auf die Idee gekommen, daß höchstentwickelte Lebensformen – wie sie vielleicht irgendwo im Weltall bereits seit undenklichen Zeiten existieren – nicht mehr wie wir an Materie, an chemische Verbindungen gebunden sind. Führt man diesen Gedankengang fort, so wird einem plötzlich der Sinn, ja die Notwendigkeit der Wiedergeburt in einem neuen Körper verständlich. Es ist die Möglichkeit des unzerstörbaren Bewußtseins, einen neuen Körper gleichsam wie ein »Vehikel« zu benutzen, bis sie, durch fortschreitende Evolution ihrer Lebensform, schlußendlich nicht mehr auf die Benützung solcher »Vehikel« angewiesen ist. An diesem Punkt treffen sich die modernen Hypothesen der Naturwissenschaft mit uralten religiösen wie auch philosophischen Aussagen, besonders aus dem asiatischen Kulturkreis.

Sehen wir uns jetzt in einem gentechnischen Labor unserer Tage um.

Den Baustein des Lebens hat man längst gefunden. Alles organische Leben auf diesem Planeten baut auf der Grundlage von Eiweißmolekülen auf. Diese Moleküle bilden wiederum für jedes Lebewesen, gleich einem Fingerabdruck unverwechselbar, einen Strang aus Einzelinformationen. Die Biologen nennen diesen Grundbaustein des Lebens *Desoxyribonukleinsäure (DNS)*. Wie ein Reißverschluß greifen zwei Stränge ineinander und geben die Erbinformationen weiter. In den Genlabors versucht man jetzt, diese Informationen aufzuschlüsseln, ihnen ihre Geheimnisse zu entreißen. Und man kommt tatsächlich weiter – auch in bezug auf unsere »biblische« Geschichte. Bei der komplizierten Struktur der menschlichen DNS ist es noch sehr schwierig, die einzelnen Informationen eindeutig und exakt zuzuordnen. Ein einfacher Mehlwurm liefert dabei schon übersichtlichere Resultate.

Die DNS eines Mehlwurmes ist für unsere Genforscher einfach genug aufgebaut, um sie exakt zu analysieren. Im Laufe dieser Untersuchungen ergab sich eine bislang unbekannte Struktur in der Doppel-Helix, die sich die Wissenschaftler nicht erklären konnten. So wurden die Mikroskope feiner eingestellt, die Computer mit allen verfügbaren Daten gefüttert, um das Geheimnis jener »Unter-Erbstruktur« des Mehlwurmes zu lüften. Der war jedoch leider schon verstorben, denn diese Spezies lebt für gewöhnlich nicht länger als hundert Tage.

Seine Erbsubstanz aber enthüllte den Wissenschaftlern etwas Unglaubliches. Gemäß den Resultaten sollte dort die »Uhr des Lebens« eingebunden sein. Jene Uhr, die sämtlichen biochemischen und biomechanischen Funktionen sagt, wann sie dies oder jenes zu tun hätten. Eine Funktionsuhr auch für die Organe. Über eines nämlich hatten sich Mediziner schon lange den Kopf zerbrochen: Eine Leber, die Nieren oder auch das Herz wären – vom organischen Standpunkt aus betrachtet – viel länger in der Lage, ihre jeweilige Aufgabe zu erfüllen, als es die »übliche« Lebensuhr erlaubt. In einer komplizierten »Operation« entfernte man bei einem Mehlwurm diese Komponente der DNS. Auch wenn es wesentlich aufwendiger ist, stellen wir uns diese Operation der Einfachheit halber wie die Entfernung des Blinddarmes vor. So behandelt, entließ man den Mehlwurm wieder in sein »natürliches« Umfeld im Labor und beobachtete seine weitere Entwicklung – nur, von *Entwicklung* konnte keine Rede mehr sein.

Die einhundert Tage gingen ohne nennenswerte Veränderungen vorüber. Es schien, als habe der Alterungsprozeß einfach ausgesetzt. Denn dieser Mehlwurm lebte etwa zehnmal so lange, als es seinen Artgenossen üblicherweise beschieden ist. Haben die Wissenschaftler hier den ewigen Jungbrunnen entdeckt, das Elixier des Lebens, nach dem wir seit Menschengedenken so fieberhaft suchen? Können wir bald den uralten Menschheitstraum verwirklichen, Hunderte von Jahren alt zu werden? Sind alle Geheimnisse der Lebenserwartung in der DNS-Struktur zu suchen?

Auf Leben und Tod

Ein Geheimnis zu kennen, ist eine Sache – dieses folgerichtig umzusetzen, eine ganz andere. So stehen wir seit Menschengedenken vor der Schöpfung auf unserer Erde und staunen, wie gut alles eingerichtet ist. Hier stellt sich denn auch jene Frage zum Beispiel mit dem Mehlwurm: Was rufen wir da auf den Plan? Dazu möchte ich Sie wieder aus dem Labor herausbitten und nach Kanada mitnehmen.

Wir stehen an den Ufern eines wilden Flusses mit kristallklarem Wasser, das über felsige Vorsprünge dem Ozean entgegenfließt. Zwischendurch finden sich einige kleine Buchten, in denen die Strömung nicht so stark ist. Ab und zu schnellt ein Fisch aus dem Wasser und versucht, eine der Klippen zu überwinden. Es ist ein Kampf auf Leben und Tod, denn der Fisch kann nicht anders, er ist genetisch so programmiert. Es sind Lachse, die sich so verhalten. In welchem Teil des Flusses ein Lachs auch immer geboren sein mag – zur Laichzeit, der Eiablage, wird er nichts anderes versuchen, als genau an diesen Ort zurückzukehren und seinerseits für Nachwuchs zu sorgen. Ist die Paarungszeit dann jedoch vorüber, haben also die Weibchen ihre zahllosen Eier abgelegt und die Männchen mit dem Samen einen neuerlichen Werdegang gestartet, dann ist für die »Eltern« die Uhr des Lebens endgültig abgelaufen – sie sterben.

Wäre dem nicht so, die Population von Lachsen würde sich in diesem Fluß so stark vermehren, daß über kurz oder lang unweigerlich das biologische Gleichgewicht umkippen würde. Der Fluß hätte keine Balance mehr, und die Lachse würden nicht mehr genügend Nahrung finden. Mit diesem unfreiwilligen Ablaufen der Lebensuhr der Lachse ist jedoch gewährleistet, daß wieder Raum und Nahrung für neues Leben frei ist.

Würde die Erde es verkraften, wenn plötzlich acht oder zehn Milliarden Menschen Gelegenheit hätten, ungefähr fünfhundert Jahre und älter zu werden? Was ist mit jenen Menschen, denen das Schicksal in diesem Leben eine Vielzahl an Entbehrungen zugedacht hat? Auch die meisten politischen wie religiösen Systeme auf diesem Planeten ermöglichen es den wenigsten Menschen, sich so zu entfalten, wie sie es gerne möchten. Ich bin mir darüber im klaren, daß es für einige Menschen auch eine Erlösung sein dürfte, auf dieser Ebene ihren Weg abgeschlossen zu haben und dafür auf einer anderen weitergehen zu können.

Wer hat uns dieses »Naturgesetz« zugedacht? Waren es »Götter« – jene höherentwickelten Wesen aus den Tiefen des Kosmos, die unsere Erde vermutlich schon seit unbestimmbaren Zeiten besuchen? Oder ein Wesen, das wir mangels besserer Bezeichnung und im Gegensatz zu den erstgenannten Wesen, die uns nur ein Stück in der Evolution voraus sind, *Gott* nennen?

Ist dieser universelle *Gott* auch in uns selbst manifestiert, können wir selbst unser Gott sein?

»Big Bang«

»Am Anfang war das Nichts.« So steht es geschrieben. War da aber vielleicht doch etwas? Ich möchte an dieser Stelle ein weiteres Gedankenspiel anbieten, das uns dem bis jetzt noch Unfaßbaren näherbringen soll. Die Idee hat der Schweizer Bestsellerautor *Erich von Däniken* bereits vor etwas mehr als zwanzig Jahren an seinem Schreibtisch entwickelt. Ausnahmsweise geht es hier einmal nicht um antike Bauwerke und Artefakte, die in krassem Widerspruch zu unserem tradierten Weltbild stehen. Däniken ist ein Querdenker, und in dieser Eigenschaft hat er ein für diesen Kontext ungemein schlüssiges Szenario kreiert.

Versuchen Sie einmal, sich folgendes vorzustellen: Ein Computer hat hundert Milliarden Denkeinheiten (Bits). Nehmen wir weiter an, dieser Computer kann denken, hat also ein persönliches Bewußtsein. Dieses Bewußtsein ist an Milliarden Schaltstellen fixiert; es wäre unweigerlich zerstört, wenn der Computer sich in die Luft sprengen würde. Unser hypothetischer Computer ist aber von höchster Intelligenz und rasantem Kombinationsvermögen: Es gibt nichts, was er nicht weiß.

Trotz Bewußtsein und Allwissen ist unser denkender Computer nicht glücklich, trotz seiner Höchstform kann er eines nicht er-denken, er-rechnen, er-kombinieren: *Erfahrung*. Aber genau *die* will er sammeln! Da ihm keine ebenbürtige oder auch nur ähnliche Konkurrenz bekannt ist, bei der er Erfahrung einholen könnte, entschließt er sich zu einem unerhörten Schritt: Er entscheidet, die hundert Milliarden Bits seines Zentralspeichers mittels einer Explosion zur Erkundung auszusenden, wohl wissend, daß er dadurch endgültig sein persönliches Bewußtsein verlieren würde … wenn er nicht in seiner unübertrefflichen Cleverneß die Zukunft nach der Selbstzerstörung, jenem Moment der Massenaussendung der Bits also, längst im voraus programmiert hätte. *Big Bang* – der Urknall sozusagen als gottgewollter Schöpfungsakt!

Bevor die Bits auf ihre große Erfahrungsreise katapultiert wurden, hatte der kluge Computer in ihnen magnetische Impulse mit dem Befehl programmiert, sich an dem Ort X zur Zeit Y wieder zusammenzufinden. Wenn diese Stunde schlägt, kehren also die Abermilliarden Bits gehorsam – wer kommt schon gegen ein Programm an? – in die komplizierte Maschinerie mit ihrem »persönlichen Bewußtsein« zurück und tragen die von ihnen gesammelten *Erfahrungen* nach Hause.

Vom Moment der Explosion bis zum Augenblick der Rückkehr »wußte« keines der Bits, daß es ein winziges Teilchen eines größeren Bewußtseins war und irgendwann wieder sein wird. Zu dieser Erkenntnis fehlte den Denkeinheiten der notwendige Überblick. Hätte sich ein einzelnes Bit mit seinem geringen Denkvermögen die Frage stellen können: »Was ist Sinn und Zweck meiner rasenden Fahrt« oder »Wer hat mich erschaffen« – es hätte keine Antwort bekommen. So war denn die gewaltsame Reise der Anfang und das Ende eines Aktes, einer Art von Schöpfung eines Bewußtseins, vermehrt um den Faktor *Erfahrung*.

Dieser Vergleich hört sich ein wenig nach Science fiction an und ist wiederum ein Denkmodell, um das Phänomen aufzuspüren – wenn auch eines, das der Wahrheit auf erstaunliche Weise nahekommen dürfte. Und doch haben wir es bis heute noch nicht geschafft, den Geist, die Intelligenz hinter der Materie, oder Gott, nachzuweisen.

In welcher Richtung könnten wir jetzt weitersuchen? Wo finden wir Licht am Ende des Tunnels?

Richtig – das *Licht!* Jenes Licht, das gemeinhin als der Motor des Lebens angesehen wird. Licht ist Leben, ohne dieses wäre Leben in unserer Form nicht denkbar. Herrschen trübe Tage, sehnen wir uns nach dem Sonnenschein. Und Menschen, die eine Art der Nahtod-Erfahrung gemacht haben – denn »richtig« tot waren sie ja nicht, sonst wären sie nicht zurückgekehrt –, wissen immer wieder von einem Licht zu berichten, von dem sie wie magisch angezogen wurden. Ein weißes, zuweilen auch bläuliches Licht, in dem sie sogar Gott gesehen zu haben glaubten.

Materie ist erstarrte Wellenbewegung

Licht ist physikalisch gesehen eine Welle. Und die folgende Geschichte vom Strahl des Lichtes, das zugleich eine Welle ist, beginnt bei den grüngelblich schimmernden Zeigern einer Leuchtuhr, wie sie früher einmal recht verbreitet waren. Ihre Zeiger waren mit Radium beschichtet, und dessen mildes Leuchten wird von der Radioaktivität verursacht. Genauer gesagt, von einer Form der Radioaktivität, die die Physiker Alphazerfall nennen. Daß es diesen Zerfall, ein Freiwerden von um den Atomkern kreisenden Elektronen, gibt, wurde bereits zu Beginn unseres Jahrhunderts entdeckt.

Den Forschern wurde bald bewußt, daß es sich hier um höchst seltsame Vorgänge im subatomaren Bereich handelt. Sie standen vor der Frage: »Wenn das Teilchen aus dem Radium herauskommt, warum kann es dann nicht wieder hinein?« Zahlreiche Theorien wurden entwickelt. Berühmte Wissenschaftler wie Niels *Bohr*, Ernest *Rutherford* und andere spekulierten über viele Denkmodelle – und fanden doch nicht auf Anhieb des Rätsels Lösung. Erst ein junger Franzose wies mit einem kühnen und höchst spekulativen Gedanken den Weg.

Louis de Broglie sagte: »Jeder ist sich sicher, daß Elektronen materielle Teilchen sind, so etwas wie kleine Kugeln. Aber vielleicht können sich Elektronen auch manchmal wie Wellen verhalten.« Es blieb nicht bei dieser Idee, und es wurde der Begriff *Materiewelle* geprägt, mit dem mathematischen Ergebnis: Je höher der Impuls, desto kürzer werden seine Wellen. Gleich darauf tauchte die nächste Frage auf: Gibt es diese Wellennatur der Materie nur im Bereich der allerkleinsten Teilchen? Oder ist am Ende sämtliche Materie in der Lage, sich wie eine Welle zu verhalten?

All das entdeckte man zu einer Zeit, als Dinge, die man gestern noch für unmöglich gehalten hatte, bereits am nächsten Tag plausibel und existent zu werden begannen. Für die Physiker schien bis dahin klarzusein: Was ein Körper ist, kann nicht zugleich auch eine Welle sein.

Diese Frage überstrahlte alle folgenden Forschungsbemühungen. Besitzt auch der Mensch solch eine »Materiewelle«? Heute läßt sich ohne Einschränkung sagen, daß zu allen Teilchen im Universum Wellen gehören. Der Grund, warum wir sie nicht wahrnehmen können, liegt an der Wellenlänge. Je länger diese Wellenlänge ist, um so weniger können wir sie wahrnehmen. Das Sonnenlicht können wir sehen, weil seine Strahlung im für uns sichtbaren Wellenbereich liegt. Die UV-Strahlen hingegen – die uns beim Sonnenbaden bräunen – haben höhere Impulse, also eine kürzere Wellenlänge, und mit unseren Sinnen nehmen wir sie nicht mehr wahr.

Ein kurzes Zahlenspiel, um das hier Gesagte anschaulich zu gestalten. Die Welle eines Elektrons, das als Strom in einer Küchenmaschine fließt, ist ungefähr ein Millionstel Millimeter lang. Eine Bakterie hat eine Welle, deren Länge kleiner ist als der Durchmesser eines Atomkernes – der in etwa dem Milliardstel Teil eines Millimeters entspricht. Und ein Fußball, den ein Spieler abschießt, hat eine Wellenlänge von 10^{-32} Zentimetern. In ausgeschriebener Form sieht die Zahl so aus: 0,00000000000000000000000000000001 Zentimeter.

Bei noch größeren Objekten dürften die Werte noch weitaus kleiner sein. Für praktische Zwecke kann man diese Wellenarten bis dato vergessen. Und doch gibt es weitere Fragen.

Bewegung ist Ruhe

Der Philosoph Zenon von Kition (um 336–264 v. Chr.) stellte folgende Überlegung an: Ein Schütze schießt mit seinem Bogen einen Pfeil ab. Der Pfeil bewegt sich rasend schnell vorwärts. Doch die Strecke, die er durchfliegt, besteht aus ungezählten kleinen, punktförmigen Teilstrecken. Befindet sich unser Pfeil an einem solchen Punkt jeweils in Ruhe? Heute können wir diesen Gedanken durch Hochgeschwindigkeitsaufnahmen mit kürzesten Verschlußzeiten leicht in die Realität umsetzen. Aber bereits damals folgerte Zenon: Bewegung ist Ruhe. Oder befindet sich der fliegende Pfeil etwa in ein und demselben Augenblick an mehreren Orten? Ist der fliegende Pfeil etwa in ein und demselben Augenblick an mehreren Orten? Ist der fliegende Pfeil dort, wo er ist – oder gar dort, wo er nicht ist? Seit Einstein wissen wir, daß Bewegung nicht absolut, sondern *relativ* ist, und zwar abhängig vom Standort des Beobachters. Erinnern Sie sich noch an mein Beispiel mit Platos Höhle, in der wir alle angekettet sind?

Was die alten griechischen Philosophen mit ihren Denkmodellen darstellen wollten, bedeutet mit anderen Worten: Wir Menschen können mit unseren Sinnen nur einen winzigen Ausschnitt der Realität erfassen – und aller Wahrscheinlichkeit nach ist dies »Erleben« noch nicht einmal ein einigermaßen objektives »Abbild« unserer Welt.

Ein Film im Kino wird für uns nur zum Film, weil in einer Sekunde vierundzwanzig Einzelbilder ablaufen. Für unsere Sinnesorgane erscheint der Bewegungsablauf daher normal. Beschleunigte Projektion empfinden wir als Zeitraffer. Ab etwa fünfzig Bildern pro Sekunde wird der Film unscharf. Wir können die Einzelsignale nicht mehr entziffern – das trifft jedoch einzig auf uns zu! Es bedeutet nicht, daß alle Lebewesen dies genauso wahrnehmen müssen und die gleiche (für uns) objektive Wirklichkeit auch mit dieser Frequenz erfassen.

Sind elektromagnetische Wellen wirklich hell oder warm, rot oder blau? Es handelt sich ja stets um die gleiche Strahlung, nur mit verschiedenen Wellenlängen. Für unser Auge macht dabei ein Unterschied von dreihundert Millionstel Millimetern den Farbunterschied zwischen Rot und Blau aus.

Apropos Blau: Welche Farbe hat unser Himmel? *Wir* sehen ihn blau, eine Biene sieht ihn jedoch rosarot, ein Farbenblinder wiederum grau. In Wirklichkeit leuchtet der Himmel für uns nur deshalb blau, weil unsere Augen eine ganz bestimmte Wellenlänge des Spektrums absorbieren. Die Biene hingegen absorbiert eine andere Wellenlänge, ebenso der Farbenblinde. Wer also sieht den Himmel

»richtig«? Wir? Die Biene? Der Farbenblinde? Oder vielleicht jemand *ganz anderes?*

»That's it, said the Lord.«

Da kann also keineswegs von einer Abbildung der »realen« Welt die Rede sein. Wir sind lediglich fähig, eine ganz geringe Bandbreite des kosmischen Energiespektrums wahrzunehmen. Möglicherweise gibt es noch völlig andere Daseinsformen, Lebensarten und sogar Zivilisationen, die nur Bruchteile von Wellenlängen von unserer Wahrnehmungsmöglichkeit entfernt liegen. Die Theorie von mehrdimensionalen und parallel zu unserem Universum existierenden Welten gilt heute selbst bei den Physikern nicht mehr als Science fiction.

Orte, die es nicht gibt

Befassen wir uns ein letztes Mal mit dem Urknall, dem wahrscheinlichsten Ursprung des Universums. Erst zu diesem Zeitpunkt entstanden Zeit und Raum, Ursache und Wirkung. Davor jedoch gab es – nach einer der zahlreichen, voneinander abweichenden Urknalltheorien – *nichts,* ein zeitloses, raumleeres, masseloses *Nichts.*

Interessant ist, daß es dieses *Nichts* mittlerweile als Faktum in der subatomaren Physik gibt. Es manifestiert sich in einer zeitgleichen Verschiebung von Informationen oder Impulsen von einem Ort zum anderen. Und das mit der Masse Null. Was bedeutet dies? Damit ist offenbar die Existenz von sogenannten »Nichtorten« erwiesen. In dieser zeit- und raumleeren Dimension sind die uns bekannten Naturgesetze, wie sie für Materie und Energie gelten, außer Kraft gesetzt. So gibt es beispielsweise keine Zeitmauer mehr.

Theoretisch können an diesen Schnittpunkten von Zeit und Raum, die für uns Gegenwart sind, Informationen aus der Vergangenheit oder der Zukunft auftauchen. Menschen, die dem Tod nahe waren, berichten von einem rasenden »Zeitrafferfilm«, einem Panoramablick über ihr gesamtes bisheriges Leben.

Sind damit bereits die Geheimnisse und Wunder der Reinkarnation gelüftet? Wir haben erfahren, daß diese Wiedergeborenen Persönlichkeitsübertragungen erleben, und dabei offenbaren sie immer wieder eine Fülle von verblüffenden Details, die ihnen überhaupt nicht bekannt gewesen sein konnten. Oder könnte es sein, daß manche Menschen in ihrem Unterbewußtsein Antennen haben für jene Informationen aus Vergangenheit und Zukunft, die in Form von Elektronen an »Nichtorten« ohne Zeit und Raum auftauchen? Liegen für sie geistige Identitäten sozusagen in der Luft?

Dann hätte der Mensch – und damit wären wir bei den Magiern und Priestern der Vorzeit – doch einen Draht zum Jenseits, zumindest zu einer Wirklichkeitsdimension, wie sie von den alten Meistern der brahmanischen und buddhistischen Geheimlehren bereits vor vielen tausend Jahren als »das Leere« postuliert wurden. Und auch im *I Ging* (Tai I Gin Hua Dsung Dchi), einem uralten Buch der chinesischen Geheimlehre, heißt es:

»Der Buddha sprach: ›Wenn Du Dein Herz auf einen Punkt festlegst, dann ist Dir kein Ding unmöglich.‹«

Sind wir Teil eines Überbewußtseins?

Vor Zeiten zapften die Schamanen und Priester im Trancezustand kosmische Energien an und stellten eine Verbindung zu einem Überbewußtsein her. Heute scheint dies nurmehr in Hypnose zu gelingen, beispielsweise im Verlauf von Rückführungen, die vergangene Existenzen offenbaren. Wahrscheinlich sind wir alle ein winziger Teil eines Überbewußtseins, vergleichbar mit den unzähligen Bits aus Erich von Dänikens brillantem Denkmodell eines sich selbst in die Luft sprengenden Computers.

Wenn wir also durch den geheimnisvollen Mechanismus der Reinkarnation erneut ins Leben auf dieser Welt zurückgerufen werden, dann geschieht dies womöglich auch aus dem folgenden Grund: Als Teil der Intelligenz, die unser gesamtes Universum durchdringt, muß auch unsere Seele *Erfahrungen* sammeln. In diesem und in vergangenen Leben wie auch in zukünftigen Existenzen. Nicht selten sogar in »vertauschten Rollen« – und zumeist wieder mit denselben Weggefährten. Seelenverwandte im wahrsten Sinn des Wortes, die uns dann seltsam vertraut erscheinen.

Aus all dem hier Gesagten kann ich hoffnungsvoll schließen: Alles hat ein Ende, nur nicht unsere Existenz!

Anhang

Abductions (auch: Unheimliche Begegnungen der 4. Art, Entführungen bzw. CE-4-Erlebnisse). Im Gegensatz zu bloßen Begegnungen, handelt es sich hier um vollendet ausgeführte Dislokationen durch offenbar nichtirdische, intelligente Wesen. Diese werden in der Regel als grauhäutige und kleinwüchsige Humanoiden beschrieben, nicht größer als ca. 1,20 bis 1,50 Meter. Derartige Entführungen erleben meist einzelne Personen, seltener Berichten zufolge wurden auch mehrere Personen gleichzeitig in mutmaßlich außerirdische Flugobjekte verschleppt. Symptomatisch für all diese Entführungs-Traumata sind medizinische Experimente, in deren Mittelpunkt oft künstlich durchgeführte Befruchtungen stehen, welche zur Schaffung einer Hybrid-(= Misch)Rasse zwischen Außerirdischen und unserer Rasse führen könnten. Diese Entführungen sind ein weltweit auftretendes Phänomen und werden bereits klinisch untersucht.

Agrippa von Nettesheim (Heinrich Cornelius). A. v. N. wurde am 14. September 1486 im wohlhabenden und ritterlichen Geschlecht derer von Nettesheym geboren. Zunächst studierte Agrippa Jura und erlernte danach nicht weniger als acht Sprachen. Bereits 1507 gründete er in Paris ein »Sodalitium«, eine Gesellschaft zur Betreibung von Geisteswissenschaften in Europa. Zwischenzeitlich hielt sich Agrippa immer wieder in England auf, kehrte nach Deutschland zurück und zog nach dem Tod seiner ersten Frau nach Genf um. Dort praktizierte er als Arzt, wanderte dann jedoch wieder nach Norden. In Antwerpen erwarb er sich den Ruf eines Wunderdoktors. Wegen seiner Gedanken hatte der Gelehrte öfter Streit mit dem Klerus. In Antwerpen erschien auch die Erstausgabe seines größten und bekanntesten Werkes »De Occulta Philosophia«.

In diesem Werk wird eine platonisch-christliche Theosophie ge-
lehrt. In der Kunst, sich in den Besitz der Kräfte der höheren
Welt zu setzen und durch diese die niedere zu beherrschen, besteht nach »De Occulta Philosophia« die Magie oder die erha-
benste Philosophie und vollendetste Weisheit, welche als Herrschaft über die irdischen Dinge natürliche, über die Gestirnswelt
himmlische und über die Geister und Dämonen zeremonielle
Magie ist.

Agrippa von Nettesheim starb 1535 in Grenoble und wurde bei
den dortigen Dominikanermönchen begraben.

Akasha-Chronik. Der Begriff wurde geprägt vom Begründer der
Anthroposophie, Dr. Rudolf Steiner (1861–1925). Er stammt
vom indischen Wort *akaca* und bedeutet soviel wie Raum und
zugleich das, was ihn ausfüllt – Äther. Der der Akasha-Chronik
zugrundeliegende Gedanke ist: Jedes Geschehen auf der Erde
»graviert« sich in diesen »Äther« ein, Gedanken schwingen in
ihm bis in alle Ewigkeit fort. Nach dem Energieerhaltungssatz
kann keine Energie verlorengehen.

In den letzten Jahren wurden in Indien die sog. »Palmblatt-Bibliotheken« sehr populär, deren Aufzeichnungen, die es über jeden geben soll, der je seinen Fuß in eine jener Bibliotheken setzen wird, durch das »Anzapfen« der Akasha-Chronik entstanden
sein sollen. Und bereits in den siebziger Jahren soll es einem
Benediktinerpater in Zusammenarbeit mit einer Gruppe von
Physikern gelungen sein, ein »Chronovisor« genanntes Gerät zu
konstruieren. Ähnlich einem Videorecorder, soll dieses technische Wunderwerk, das den Angaben zufolge im Vatikan verborgen wird, aus der Akasha-Chronik Aufzeichnungen von längst
vergangenen Ereignissen machen können.

Astralkörper, Astralleib. Damit ist ein Körper aus nicht-materieller
Substanz gemeint, den alle Lebewesen zusätzlich zu derem phy-

sischen Körper besitzen sollen. Solange der materielle Körper am Leben ist, soll der Astralleib denselben Raum einnehmen; nach dem Tod existiere der Astralkörper weiter. Häufig wird die Ansicht geäußert, daß der A. notwendig ist, um den materiellen Körper am Leben zu erhalten. Darum gilt die funktionelle Verbindung mit der Physis als einziger Unterschied zwischen Astralleib und einem sogenannten »diskarnierten Geist«.

Astralkörperaustritte (astrale Exkursionen). Das Loslösen dieses feinstofflichen Astralleibes vom physischen Körper und dessen mehr oder weniger bewußte Aussendung. Obschon es zwischenzeitlich zahlreiche Laborexperimente gibt, deren Resultat sich am besten mit Astralexkursionen erklären lassen, gelten diese offiziell noch immer als umstritten. Unbezweifelt sind jedoch die Experimente verschiedener Geheimdienste in Ost und West, mit dem Ziel, Astralkörperaustritte gezielt für Spionagezwecke nutzbar zu machen.

Aura. Dieser Begriff bezeichnet ein jedes Lebewesen umgebendes Feld, das manche sensitiv veranlagte Personen wahrzunehmen vermögen. Sehr verbreitet ist die Ansicht, daß Farbe, Form und andere Eigenschaften der Aura Aufschluß über körperliche und seelische Verfassung eines Menschen sowie dessen Charaktereigenschaften geben können. Meist wird die Aura als mehr oder weniger scharfe Umhüllung des Astralleibs gedeutet. Physikalisch ist sie nicht nachweisbar, obwohl es schon verschiedene Versuche zu diesem Zweck gegeben hat (Kirlian-Fotografie u. a.).

Austausch-Reinkarnation: Darunter versteht man die Wiederverkörperung eines Verstorbenen in dem Körper einer anderen, bereits geborenen und mitunter herangewachsenen Person – also nicht im Körper eines Ungeborenen. Dabei wird die bisherige Persönlichkeit des Betroffenen bleibend aus ihrem Körper verdrängt. Fälle dieser Art sind äußerst selten (wenn man einmal von Fällen sogenannter Besessenheit absieht); der bekannteste Fall wurde 1954 von Professor Dr. Ian Stevenson in Indien untersucht. Er betrifft den Tod des Brahmanen Sobha Ram, mutmaßlich durch Mord verursacht. Sobha Ram inkarnierte sich im Körper des dreieinhalbjährigen Knaben Jasbir (s. Kap. 5). Was aus dem ursprünglichen Jasbir wurde, konnte allerdings nicht geklärt werden.

Chakras (auch: *Chakren*). Die Stellen des menschlichen Körpers, die eine besondere Bedeutung für die Verbindungen mit dem Astralkörper haben und angeblich als paranormale Kraftzentren fungieren. Es soll sie in großer Zahl geben, wobei jedoch nur sieben Chakras als bedeutend gelten. Eine davon befindet sich zudem außerhalb des physischen Körpers, und zwar oberhalb der Stirn. Der Zusammenhang mit Nervenzentren und Akupunkturstellen ist bislang noch unklar.

Chaos. »Am Anfang«, so heißt es schon in der Genesis, »war die Erde wüst und leer, und Finsternis lag über dem Abgrunde.« Bei dieser Anschauung ist das Abendland geblieben. Selbst die moderne Kosmologie, von Kant und Laplace bis Kuiper und von Weizsäcker, sieht sich veranlaßt, von einem nicht minder wüsten und finsteren Chaos auszugehen. Erst im Lauf von Jahrmilliarden konnte die Gravitation die Materie zu den Spiralarmen der Galaxien und zur Ordnung der Sonnensysteme zusammenziehen. Nimmt in einer solchen Kosmologie Gesetz und Ordnung stetig zu, dann muß am Anfang ein Maximum an Chaos geherrscht haben.

Das scheinen auch die Überlegungen zu bestätigen, die eines der fundamentalsten Weltgesetze enthält, das allen Ereignissen in diesem Kosmos erst die Zeitachse entgegengesetzt hat. Es ist das Entropiegesetz, der zweite Hauptsatz der Thermodynamik. Dieser Lehrsatz besagt, daß alle Materie letztlich von Ordnung in Unordnung übergehen muß, daß jedes Schaffen von Ordnung innerhalb eines Systems durch die Erzeugung einer größeren Menge an Unordnung erkauft werden muß. Bislang hat anscheinend noch keine Beobachtung und kein Experiment dem Entropiegesetz widersprochen. Auch die Lebensprozesse, die fortgesetzt für Ordnung sorgen, machen da keine Ausnahme. Die Welt – so die letzte Konsequenz dieses zweiten Lehrsatzes – muß im Chaos enden.

Desoxyribonukleinsäure (DNS). Die DNS ist die Trägersubstanz aller genetischen Informationen. Phosphorsäure, Zucker und die daran angekoppelten Phosphorsäurebasen bilden gemeinsam eine Struktur, die einer zur Doppelspirale (»Doppel-Helix«) gedrehten Strickleiter ähnelt. Die beiden »Stricke« der Leiter sind abwechselnd aus Phosphatgruppen und aus Zuckermolekülen aufgebaut. Die »Sprossen« hingegen bestehen aus organischen Basen und verbinden die sich jeweils gegenüberliegenden Zuckermoleküle. Die Abfolge der vier unterschiedlichen Basenarten (Adenin, Cytosin, Guanin und Thymin), von denen je zwei zur Paarbildung tendieren, liefert den genetischen Code. In diesem sind sämtliche Informationen für Aufbau und Entwicklung des betreffenden Lebewesens gespeichert.

Esoterik. Darunter versteht man die zusammenfassende Bezeichnung für alle nicht-religiösen Theorien und Erfahrungen, die über das physikalische Weltbild und auch über die Erkenntnisse der wissenschaftlichen Parapsychologie hinausgehen. Im wesentlichen handelt es sich hierbei um traditionelles Gedankengut, das durch Intuition, astrale Erlebnisse und spiritistische Informationen genährt wird. Die Esoterik umspannt das Gebiet zwischen der exakten Wissenschaft einerseits und der spiritualistischen Philosophie. Ursprünglich bedeutete das Wort Esoterik soviel wie Geheimlehre, also ein nur für wenige Menschen zugängliches Wissen.

Exorzismus. Dies ist eine (noch heute praktizierte und von der katholischen Kirche sanktionierte) religiöse Handlung, bei der ein angeblich Besessener von dem in ihm vermuteten Teufel befreit wird. In den letzten Jahren haben einige für die Exorzierten tödlich verlaufenen Exorzismen für reichlich Aufsehen gesorgt, so daß sie in der Kirche nicht mehr unumstritten sind. Die harmloseste Variante dürfte die Taufe sein, da nach christlicher Vorstellung jeder Nichtchrist irgendwie vom Teufel besessen ist.

Gilgamesch. Der Name Gilgamesch geht auf den frühgeschichtlichen sumerischen König von Uruk zurück, der etwa um 2600 v. Chr. gelebt hat. Nach 2000 v. Chr. verherrlichte man Gilgamesch in einem Zyklus sumerischer Kurzepen. Als mythologische Gestalt erscheint dieser als Kämpfer gegen allerlei himmlische Monsterwesen. So wurde etwa der Himmelsstier gegen ihn losgelassen, da er das Liebeswerben der Göttin Innanna von Uruk in beleidigender Weise zurückgewiesen hatte. An seiner Seite steht sein Diener und Freund Enkidu, ein aus der Steppe gekommener, ursprünglich mit den Tieren lebender Halbwilder. Er begleitet Gilgamesch auch auf dessen Kriegszug gegen Humbaba, den dämonischen Herrscher des Zedernwaldes im Libanon, findet aber nach dem Mythos »Enkidu und die Unterwelt« bei seinem Gang in dieselbe den Tod. Auch Gilgameschs Tod wurde in einer – wenn auch nur unvollständig erhaltenen – Komposition besungen.

Das die sumerischen Dichtungen beherrschende Problem des Todes und die vergebliche Suche nach dem ewigen Leben steht auch im Mittelpunkt der akkadischen Gilgamesch-Dichtung, die sich im Stoff zwar an einige sumerische Vorläufer anlehnt, dichterisch aber eigenständig gestaltet ist. Zu Beginn des ersten vorchristlichen Jahrtausends wurde die zwölf Tafeln umfassende, ninevitische (von Ninive) Fassung geschaffen, das Gilgamesch-Epos, das auch die ursprünglich selbständige Sintflutsage in die straffe und gut gegliederte Komposition einbezieht.

Der Gilgamesch-Stoff war in ganz Babylonien und Assyrien im Umlauf, und Reste von Übersetzungen der zunächst eigenständigen altbabylonischen Episoden in churritischer und hethitischer Sprache aus dem zweiten vorchristlichen Jahrtausend sind aus Hattuscha erhalten.

Gral. Der Begriff des Gral geht zurück auf die Parzivallegende in der hochmittelalterlichen Dichtung und bezeichnet einen mythischen Gegenstand von verschiedener Bedeutung. So ist es ein Speise und Trank spendendes Wunschgefäß, oder auch – bei Wolfram von Eschenbach – ein »geheimnisvoller Stein, der von den Sternen gekommen ist«. Neuere Forschungen, die sich mit diesem Aspekt befassen, ergaben eine große Wahrscheinlichkeit für die Wesensgleichheit mit der Bundeslade der alten Israeliten. Diese respektive deren Inhalt wurde aufgrund genauerer Beschreibungen in der altjüdischen *Kabbala* von den britischen Naturwissenschaftlern und Linguisten George Sassoon und Rodney Dale als hochtechnisches Gerät identifiziert, mit dem durch Bestrahlung einer Algenkultur das Nahrungsmittel *Manna* erzeugt wurde. Außerirdische Technologie?

Hypnose. Hierunter versteht man eine charakteristische Bewußtseinsveränderung infolge fremder oder eigener Suggestion. Die Existenz der Hypnose gilt als absolut gesichert. Obwohl bisher keine physiologische Erklärung vorliegt, wird sie nicht zu den paranormalen Phänomenen gezählt, weil keine sichere Verletzung physikalischer Gesetze festzustellen ist. Eine Variante, die gleichfalls als experimentell gut abgesichert gilt, ist die sogenannte Fernhypnose, bei der die Einleitung des hypnotischen Zustandes sowie die Durchführung weiterer Suggestionen durch den Hypnotiseur nicht direkt, sondern offenbar durch Gedankenübertragung (Telepathie) geschieht.

I Ging (T'ai I Gin Hua Dsun Dchin). Das »Buch der Wandlungen« ist voller mystischer Reden und scheinbar verworrener Ideen symbolischer Natur. Von Konfuzius wird berichtet, daß er schon siebzig Jahre alt war, als er sich dem Studium des I Ging zuwandte. Die darin enthaltenen Lehren sollen etwa fünftausend Jahre alt sein. Es ist ein Werk mit faszinierender Eigenart, und einige der bedeutendsten Denker unserer Welt vertieften sich, wie deren Bücher bezeugen, in seinen Inhalt.

Das I Ging basiert auf 64 Hexagrammen, das heißt, 64 sechsliniigen Zeichen bzw. sechsstufigen Linienkomplexen aus ganzen und geteilten Linien. Diese Hexagramme enthüllen, was das Buch zu sagen hat. Die Resultate aus jedem Hexagrammtext umreißen dem Fragenden die jeweilige unterbewußte Geistesverfassung und die äußeren Lebensumstände. Darüber hinaus benennen die Hexagramme das Ergebnis, das zu erwarten ist. Die chinesischen Mystiker, die einstmals das I Ging verfaßten, waren Meister in der vorwissenschaftlichen Psychologie und erkannten intuitiv die Gesetze, denen der Kosmos unterworfen ist.

Die verbreitetste Methode, das I Ging zu befragen, ist das Werfen von drei Münzen. Aus der Kombination von Zahl und Bild ergeben sich dann die Muster, die sich in den 64 Hexagrammen wiederfinden.

Kasten. Eine spezielle Form einer besonders für Indien kennzeichnenden Ständeordnung. Die Zugehörigkeit wird durch Geburt bestimmt. Die Kasten scheiden sich vorwiegend nach der wirtschaftlichen Tätigkeit ihrer Mitglieder, doch auch religiöse Vorstellungen verbieten die Beziehungen zwischen den Angehörigen verschiedener Kasten. Die niedrigste Kaste Indiens ist jene der *Paria* (»Unberührbare«), die höchste hingegen die *Brahma-nen* (Priester). Nominell wurde die Kastentrennung durch die indische Verfassung von 1948 aufgehoben – de facto ist sie aber noch immer in Kraft.

Kirlian-Fotografie. Bei diesem Verfahren werden zwischen zwei Elektroden elektrische Hochfrequenzfelder mit einer Oszillation von bis zu 200 000 Funken pro Sekunde erzeugt. Sobald lebende Materie in dieses Feld gebracht wird, entstehen Strahlungsentladungen, die einer Art Korona aus funkelnden Punkten und Blitzen gleichen. Ein frisch gepflücktes Blatt beispielsweise ist von einem lodernden Strahlenkranz umgeben, der zu verlöschen beginnt, wenn das Blatt welkt.

Der Russe Semjon Davidowitsch Kirlian und dessen Frau konnten bei ihren Experimenten an der Universität von Alma-Ata sogar darstellen, daß sich diese »Aura« entsprechend der Gesundheits- oder Gemütsverfassung eines Organismus in Farbe und Intensität verändert. Selbst eine Art »Phantom-Effekt« kann bei der Kirlian-Fotografie festgestellt werden: Reißt man von einem frischen Blatt ein Stück ab, so bleibt die Aura des fehlenden Stückes noch für eine gewisse Zeit erhalten – gleichsam als Phantom. Derselbe Effekt soll sich sogar bei amputierten Gliedmaßen manifestiert haben.

Konzile. In der römisch-katholischen Amtskirche die Bischofsversammlung zur Regelung kirchlicher Angelegenheiten, insbesondere von als wichtig erachteten Glaubensfragen. Das allgemeine oder ökumenische Konzil wird vom Papst einberufen und auch präsidiert. Von diesen ökumenischen Konzilen fanden die ersten acht im byzantinischen Orient statt, und zwar vor der Abspaltung der sogenannten Ostkirche. Die weiteren Konzile wurden im Westen abgehalten, davon jedoch nur zwei im Vatikanstaat.

Kryptomnesie. Skeptiker sowie Gegner der Reinkarnationstheorie führen Erinnerungen an ein mutmaßlich früheres Leben auf Kryptomnesie zurück. Darunter versteht man die Annahme, daß sämtliche auftretenden Informationen – also selbst solche, die sich mit »natürlichen« Erklärungen keinesfalls befriedigend erklären lassen – im gegenwärtigen Leben erworben, danach aber wieder vergessen wurden. Sie seien jedoch im Unterbewußtsein gespeichert und könnten beispielsweise durch Hypnose wieder hervorgeholt werden. Diese Erklärungsmöglichkeit wirkt jedoch oft noch viel konstruierter, als eine echte Wiedergeburt in Erwägung zu ziehen. Insbesondere dann, wenn die betreffende Person plötzlich über Sprachkenntnisse oder Fertigkeiten verfügt, die sie nachweislich in ihrer derzeitigen Existenz nicht erworben haben kann.

Symptomatisch hierfür mag der Fall der *Dolores Jay* aus einem kleinen Ort in Ohio sein, die sich an ein früheres Dasein im Deutschland des neunzehnten Jahrhunderts erinnern konnte. In Hypnose sprach sie ein recht gut verständliches Deutsch, war sogar in der Lage, auf Deutsch gestellte Fragen zu beantworten. Dieser Umstand überzeugte selbst Professor Dr. Ian Stevenson. Und mit der Theorie der Kryptomnesie ist dieser Fall überhaupt nicht zu erklären, da die Versuchsperson nachweislich bis zu diesem Zeitpunkt nicht mit der deutschen Sprache in Berührung gekommen war.

Nahtod-Erlebnis. Eine Art der Astralexkursion, die charakteristisch ist für kritische Situationen, welche bis zu vorübergehendem klinischen Tod reichen können. Übereinstimmend wurden von zahlreichen Zeugen, die danach erfolgreich reanimiert wurden, jenseitige Szenarien beschrieben, die mit einem langen Fallen durch einen Tunnel begannen, an dessen Ende ein grelles Licht leuchtete. In diesem Jenseits seien sie sogar mit verstorbenen Freunden und Angehörigen zusammengetroffen. Stets wird das

Zurückkehren in den diesseitigen Körper als unangenehm empfunden, und nicht selten werden von den betreffenden Personen
genaue Beschreibungen der Reanimationsmaßnahmen während
deren klinischem Tod wiedergegeben. Pionierarbeit auf dem Gebiet der Nahtod-Erforschung hat der amerikanische Mediziner
Dr. Raymond A. Moody Jr. geleistet, der darüber mehrere Bücher
verfaßt hat.

Neurosen. Störungen des seelischen Gleichgewichtes, beispielsweise bedingt durch einen Konflikt zwischen Triebleben und
Moral, durch Schwierigkeiten bei der Einordnung in Hier-
archien, durch religiöse Einflüsse oder andere Ursachen. Der
Beginn einer Neurose äußert sich meist während einer Konfliktsituation durch unbewußte »Flucht in die Krankheit«. Die Be-
reitschaft zu Neurosen kann angeboren oder auch in der Kindheit erworben worden sein. Sehr häufig sind Neurosen, die ein
körperliches Leiden (Unfallverletzungen oder Krankheit) über-
lagern. Allgemein unterscheidet man zwischen *Psycho-Neuro-
sen* (ohne organische Störungen als Ursachen) und *Organ-Neu-
rosen.* Eine Behandlung von Neurosen erfolgt durch die Psycho-
therapie.

Okkultismus (von lat. occultum = verborgen, geheim). Bezeichnung für die meist unkritische Beschäftigung mit Erscheinungen
sowohl der Natur als auch der menschlichen Psyche, die sich
durch die bekannten Naturgesetze nicht erklären lassen. Häufige
Spielarten des Okkultismus sind u. a. Geisterbeschwörungen, Ti-
scherücken und Magie.

Parallelwelten. Die moderne Physik nimmt die Existenz weiterer
Dimensionen in unserem Universum über die vier Dimensionen
unseres für uns wahrnehmbaren Raum-Zeit-Kontinuums, also
Länge, Breite, Höhe und Zeitablauf, hinaus an. Komplizierte
Denkmodelle implizieren die Existenz von fünf, sechs, sieben

oder noch mehr (= X) Dimensionen, die neben den uns bekannten vier bestehen sollen. Sie wären der Sitz von neben unserem Universum parallel existierender Universen, welche gleichzeitig und am selben Platz mit unserer Welt bestehen. Ungeklärte Phänomene wie auch parapsychologische Erscheinungen versucht man oft, mit der angenommenen Koexistenz anderer Daseinsebenen zu erklären.

Psychokinese. Darunter versteht man die Fähigkeit einer Person, auf rein psychischem Weg materielle Gegenstände sichtbar zu beeinflussen, also auch Bewegungsvorgänge auszulösen. Die Psychokinese, abgekürzt PK, kann derzeit physikalisch noch nicht hinreichend erklärt werden. Und obwohl deren Existenz durch zahlreiche Laborversuche nachgewiesen werden konnte, wird sie von den traditionellen Naturwissenschaften heftig bestritten.

Sanskrit. (von ind. samskrta = zurechtgemacht). Uralte, sich im Nebel der Vergangenheit verlierende Sprache der klassischen Literatur der arischen Inder. Erstmalig wurden im 5. Jh. v. Chr. durch den Gelehrten Panini grammatikalische Regeln aufgestellt. Heute wird Sanskrit – ähnlich wie Latein und Griechisch – nur noch von einigen Gelehrten beherrscht.

Schamanen. Schamanen sind eine Art in Ekstase praktizierender Medizinmänner und spiritistische Medien, die im Rahmen verschiedener Naturreligionen vor allem in Nordasien auftreten. Im Zusammenhang mit ihrer Tätigkeit wird sehr häufig von paranormalen Phänomenen berichtet.

Spiritismus. Die Lehre vom Verkehr mit Geistern, die auf dem Glauben beruht, daß die Geister der Verstorbenen unter gewissen Voraussetzungen mit lebenden Menschen in Verbindung treten können. Im volkstümlichen Sinne bezeichnet man als Spiritismus auch alle jene Aktivitäten, die unternommen werden, um mit den angenommenen Geistern in Kontakt zu treten. Eine etwas kritischere Variante des Spiritismus vertritt eine Theorie, wonach es Geister gibt, die zur Erklärung verschiedener paranormaler Phänomene notwendig sind.

Stein von Rosette. Arabisch heißt Rosette eigentlich *Raschid* und ist der Name einer ägyptischen Hafenstadt am westlichsten Mündungsarm des Nils, dem Raschidarm. Eine 1799 bei Raschid gefundene Steintafel mit dreisprachiger Inschrift bescherte der Ägyptologie entscheidende Hilfe bei der Entzifferung von alten Inschriften an Bauwerken und auf Papyrusrollen. Die ägyptische Bilderschrift reicht zurück auf die erste Dynastie. Später entwickelte sie sich zur hieratischen und zur demotischen Schrift weiter. Auf dem *Stein von Rosette* waren neben der ägyptischen Bilderschrift auch weitere Schriften in kretischer und hethitischer Sprache abgebildet.

Der Begründer der eigentlichen Ägyptologie im heutigen Sinn ist der Franzose Jean-François Champollion (1790–1832). Ihm gelang mit Hilfe des »Stone of Rosette« kurz vor seinem Tode die Entzifferung der Hieroglyphen.

Tonbandstimmen. Im Jahre 1959 entdeckte der Schwede Friedrich Jürgenson erstmalig bei Versuchen mit einem Tonbandgerät, daß beim nochmaligen Abspielen des Tonbandes Details gehört werden können, die bei der Aufnahme nicht zu hören waren, beispielsweise gesprochene Worte, sogar ganze Sätze. Es gibt dafür mehrere Hypothesen, die von »psychokinetischer Magnetisierung« des Bandes durch das Unterbewußtsein anwesender Personen bis hin zu wirklichen Manifestationen aus anderen Daseinsebenen – dem »Reich der Toten« – reichen.

Weitergehende Forschungen wurden z. B. von dem in Lettland geborenen Konstantin Raudive betrieben. Hierbei zeigte sich sogar das erregende Phänomen, daß die Stimmen auf an sie gerichtete Fragen sinnvolle Antworten zu geben vermochten. Eine der verblüffendsten Äußerungen ist die Aufforderung »Kauf dir 'n Uher« auf die zuvor gestellte Frage nach dem besten Tonbandgerät für derartige Experimente. Dieses Tondokument wird seither im Archiv der gleichnamigen Münchner Firma aufbewahrt.

Trauma. Der Begriff wird in zwei unterschiedlichen Bedeutungen verwendet:

1. Bei Gewalteinwirkungen auf den Körper, die eine Verletzung zur Folge haben.
2. Meist in der Kindheit durch Umwelteinflüsse verursachte, seelische Erschütterung, die sich schädlich auf die Persönlichkeitsentwicklung auswirken und unter Umständen sogar Neurosen erzeugen kann.

Vision. Eine Vision wird in aller Regel als eine optische Halluzination definiert. Der Begriff wird vor allem dann verwendet, wenn die Möglichkeit einer Wahrnehmung auf paranormalem Weg betont werden soll. Nicht selten beinhalten Visionen auch Informationen über Geschehensabläufe, die erst in der Zukunft eintreten sollen.

haben Sie ein weitergehendes Interesse an Themen, wie sie hier in diesem Buch beschrieben werden? Also an Wiedergeburt oder anderen Arten von Phänomenen, die den zunehmend enger werdenden Rahmen unseres traditionellen Weltbildes zu sprengen beginnen. Und haben auch Sie sich schon Gedanken über Fragen wie die folgenden gemacht:

Wer bin ich, woher komme ich, wohin gehe ich? Was ist der Sinn unseres Lebens?

Zusammen mit dem bekannten Fernsehmoderator, Redakteur und Buchautor Rainer Holbe halte ich jedes Jahr ganz besondere Seminare ab. Der Ort dafür ist ebenso außergewöhnlich wie die vielfältigen Themen, um die es darin stets geht: Auf zwei luxuriösen Kabinenbooten fahren wir auf dem bretonischen Flüßchen Vilaine und dessen Nebengewässern durch atemberaubende, einsame und teils noch unberührte Landschaften.

In Gesprächen, Meditationen und Vorträgen, die auf den Wiesen am Fluß, unter schattigen Bäumen und Felsvorsprüngen gehalten werden, geht es um »phantastische Phänomene« und Geheimnisse unseres Daseins. Und auch das Ambiente, die beruhigende Flußlandschaft und das Bordleben, sind dazu angetan, den Alltag hinter sich zu lassen und in eine faszinierende, neue Welt einzutauchen. Obwohl sich die Menschen anfangs fremd sind, finden sie doch sehr schnell zueinander und begegnen sich mit spontaner Herzlichkeit.

Der einsame Fluß ist das geeignete Leitmotiv für diese Seminare: »panta rhei« – »alles fließt«, sagte bereits der altgriechische Philosoph Heraklit.

Dies gilt um so mehr in unseren Tagen der Wandlungen und Veränderungen, die sich in revolutionärer Weise auch unseres Weltbildes bemächtigen. Neugierig geworden? Für weitere Informationen wenden Sie sich bitte an:

Redaktionsbüro Rainer Holbe
Maison sur les Collines
L-6991 Rameldange
Luxemburg

Herzlichst, Ihr Hartwig Hausdorf

Danksagung

Es gibt eine ganze Reihe von Personen, ohne deren Hilfe und tatkräftige Unterstützung dieses Buch sicher nicht zustande gekommen wäre. Ihnen hier meinen herzlichsten Dank auszusprechen, ist mir ein ganz besonderes Anliegen.

Allen voran meinem Luxemburger Freund Rainer Holbe, aus dessem langjährigen Erfahrungsschatz ich für dieses Werk schöpfen durfte. In langen, tiefen Gesprächen an den malerischen Ufern der Vilaine brachte er mir viele Gedanken näher, die hier auch ihren Niederschlag gefunden haben.

Vielen Dank auch an Rainer Tautenhahn, der mich nach Kräften unterstützte und durch gründliche Recherchen hochinteressantes Material beitragen konnte. Denn schon seit den Zeiten der »Weißen Pyramide« weiß er, daß auch mein Tag nur vierundzwanzig Stunden hat!

Und an Mike Schmitzer, den »rasenden Reporter«, der manches ungewöhnliche Thema in seiner Zeitung – nicht selten gegen althergebrachte Widerstände – seiner interessierten Leserschaft stets spannend zu präsentieren weiß. Bei ihm fühle ich mich in guten Händen, wann immer eines meiner Themen in den Schlagzeilen zu finden ist.

Herzlichen Dank an die Sathya-Sai-Vereinigung e. V. in Dietzenbach für die prompte Hilfe und die freundliche Genehmigung zur Verwendung von Sri Sathya Sai Babas Foto.

Dies gilt, last but not least, auch für die größte Koryphäe der Reinkarnationsforschung, Herrn Professor Dr. Ian Stevenson, für die wertvollen Informationen, die er mir während unseres Gespräches in München gab.

Garching/Alz   *Hartwig Hausdorf*

Literaturverzeichnis

Adler, G., *Wiedergeboren nach dem Tode?*, Frankfurt/Main 1977

Berlitz, Charles, *Die Welt des Unbegreiflichen*, München 1990

Bubner, Rüdiger, *Antike Themen und ihre moderne Verwendung*, Frankfurt/Main 1992

Buttlar, Johannes von, *Reisen in die Ewigkeit. Der Mensch überwindet Zeit und Raum*, Frankfurt/M. 1976

Cerminara, Gina, *Erregende Zeugnisse von Karma und Wiedergeburt*, München 1983

Däniken, Erich von, *Erscheinungen*, Düsseldorf 1974

Davies, Paul, *Der Mensch ist eine Welle*, Hamburg 1987

Delacour, Jean-B., *Stimmen aus dem Jenseits*, München 1973

ders., *Vom ewigen Leben*, Düsseldorf 1974

Dethlefsen, Thorwald, *Das Erlebnis der Wiedergeburt*, München 1976

Gossler, Marcus, *Lexikon Grenzwissenschaften*, Landsberg 1988

Gröper, Klaus, *Jenseits*, Hamburg 1983

Grof, S., *Topographie des Unbewußten*, Stuttgart 1978

Hausdorf, Hartwig, *Die weiße Pyramide*, München 1994

ders., *Wenn Götter Gott spielen*, München 1997

Hausdorf, Hartwig und Krassa, Peter, *Satelliten der Götter*, München 1995

Herberts, Gottfried, *Begegnungen mit Außerirdischen*, Frankfurt/Main 1977

Holbe, Rainer, *Unglaubliche Geschichten*, München 1985

ders., *Neue Unglaubliche Geschichten*, München 1987

ders., *Bilder aus dem Reich der Toten*, München 1987

ders., *Phantastische Phänomene*, München 1993

ders., *Neue Phantastische Phänomene. Erinnerungen an Atlantis*, München 1994

Keller, W., *Was gestern noch als Wunder galt*, Zürich 1973

Kuby, Clemens, *Living Buddha*, München 1994

Mack, John E., *Entführt von Außerirdischen*, Essen 1995

Michell, J. und Rickard, R. J. M., *Die Welt steckt voller Wunder*, Düsseldorf 1979

Moody, Dr. Raymond A., *Leben nach dem Tod.*, Hamburg 1977

ders., *Das Licht von Drüben,* Hamburg 1989

Nettesheim, Agrippa von, *De Occulta Philosophia,* Köln 1533

Niederland, W., *Trauma und Kreativität,* Frankfurt/Main 1989

Ostrander, Sheila und Schroeder, Lynn, *PSI,* München 1971

o. V., *Die Welt des Unerklärlichen,* Rastatt/Baden 1994

o. V., *Phänomene,* Erlangen 1993

o. V., *Weltalmanach des Übersinnlichen,* München 1987

Ranke-Graves, R. von, *Griechische Mythologie,* Hamburg 1955

Resch, A. (Hrsg.), *Fortleben nach dem Tode,* Innsbruck 1980

Rétyi, Andreas von, *Wir sind nicht allein!,* München 1993

Ripota, Peter, *Lebewesen Weltall,* Hamburg 1989

Ryzl, Milan, *Parapsychologie. Tatsachen und Ausblicke,* Genf 1970

ders., *Der Tod und was danach kommt,* Genf 1981

Schoeps, Hans-Joachim, *Religionen,* Gütersloh o. J.

Sharamon/Baginski, *Das Chakra-Handbuch,* Aitrang 1988

Stemman, Roy, *Die Welt der Seelen und Geister,* Frankfurt/M. und Berlin 1979

Stevenson, Dr. Ian, *Twenty Cases Suggestive of Reincarnation,* New York 1966

ders., *Cases of Reincarnation Type, Vol 1,* Virginia 1975

ders., *Reinkarnation,* Freiburg i. Br. 1976

ders., *Near Death Experiences in India,* Virginia 1986

Trungpa/Fremantle, *Das Totenbuch der Tibeter,* München 1976

Vandenberg, Philipp, *Der Fluch der Pharaonen,* München 1973

Bei Wiedergeburt Geld zurück, aus: »Passauer Neue Presse«, vom 30. September 1996

Es gibt ein Leben nach dem Tod: Mensch kehrt 84 Mal zurück, aus: »Passauer Woche« vom 22. Juni 1994

Esotera, Freiburg i. Br.

Die heilige Schrift, ev.-luth. Ausgabe der Württembergischen Bibelanstalt, Stuttgart o. J.

Parapsychology Review, New York

Sathya Sai Vereinigung e. V.: *Sathya Sai Baba. Sein Leben und Wirken,* Bonn o. J.

Bildquellen

Archiv Autor: Abb. 1, 2, 3, 4, 5, 6, 7, 8, 9, 14, 15, 17
Charlotte Goltz: Abb. 12
Rainer Holbe: Abb. 13
Sathya Sai Vereinigung e. V.: Abb. 16
Mike Schmitzer: Abb. 10, 11
Rainer Tautenhahn: Abb. 18, Autorenfoto (Rückseite)